Let's go
WWOOfing

WWOOFing

18歲勇闖
德國農場打工去

作者 盧盟元

博客思出版社

獻給我的爸媽和可愛的米老鼠

To my parents and my lovely mickey mouse.

No. :
Date: /

Willkommen

（歡迎）

推薦序。

　　記得盟元通知我好消息他已確認推甄申請上幾所大學，而且他告知我想規劃利用上大學前的暑期去德國打工度假時，我替他感到十分的高興，也鼓勵祝福他這趟歐洲之行可以成行。

　　說真的，我相信打工度假是很多人的夢想，它需要很多勇氣與事前的完善準備，才可能順利。想當初，利用大一暑假的我和好友兩個女生環島一週的事情都讓我至今念念不忘且常常津津樂道的跟學生說起，每次回想都可感受到自己的青春氣息。讓我有勇氣去做一些事，而且不後悔。

　　書中記錄了一個 18 歲的夢，帶著我們如何去完成，與他一起享受著人生中很多的第一次，感受在德國農場的成長，並且欣賞著德國各地的美麗景致與人文。如同我們和他一起度過這 47 天的青春歲月，見證了他與父母給盟元自己的成年禮。

　　如果你對到德國當一位 WWOOFer 也有興趣，建議你可以參考他的經驗，創造屬於你自己的打工度假。當我看完整本書的內容，我那顆年輕的心也被激起。相信你也會，希望自己追求著夢想，不讓自己人生留白，想從這一刻開始規劃自己人生各階段的夢。

台中市立惠文高中（國中部）班導師　何靜玫

推薦序。

我在元元的書中可以看到年輕一代的夢想，這也證明八年級生不只是草莓族或低頭族，不再只是父母的負擔。藉由元元這趟多元的經歷，讓我們明白教育要從做中學，父母親站在一個輔助的角色，也要學會適時放手，讓孩子去飛、去逐夢。

曾在國中就有自己想法的元元，他的獨立及自主，讓大家在書裡也可以感受得到，也呈現在他於德國的各項學習與經歷。讓年輕一輩的學子，不必只靠父母資助，也可以靠自己雙手完成尋夢的旅程。只要肯去做，相信每個孩子都可以如元元一般，可以「暢遊德意志路」！

看到了元元享受著人生中許多第一次的經驗，經由這趟德國農場打工之旅，遨遊德國各地文化美景，古人嘗云：「讀萬卷書，不如行萬里路」而我看了元元這47天寶貴的的經驗談，想要告訴大家：「要行萬里路前，也要先讀萬卷書，讓自己對當地文化更深入了解，才能夠暢行無阻」！

如果你也想到德國當一位 WWOOFer，這本書是最好的入門手冊，幫助你打造另一個屬於自己的「打工農場」。如果你也有元元的壯遊夢，看完了這本書，一定可以激起你心中萬丈豪情。身為學生的你要看，父母親更要看，這是為了替自己的孩子鋪敘一段夢想之路。而這趟夢想之路，需要父母的鼓勵、支持和心理建設。所以我強力推薦，這是一本父母及子女可以共同閱讀的書籍，可以一同討論，讓孩子奔向精彩的人生之旅，留下一個值得記憶的回憶。

台中市立惠文高中國文科教師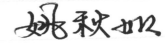

推薦序。

　　仔細閱讀了盟元到德國農場生活體驗的遊記，觸動了我許多思維及感慨。 盟元 18 歲，就能獨自處理並聯繫各種繁瑣國外遊學打工流程；能有這種歷練，絕非一蹴可成。應歸功於盟元的爸爸、媽媽因為工作的關係，給盟元有與國際接軌的學習機會，而培養出的膽識與宏觀，且能富創意並朝多面向去學習和生活。

　　教育孩子能「多元」、「創新」、「高層次的思考」是世界各國所致力追求的教育潮流。這也是我們協會一直以來努力推廣的方向。因為，學識不僅是拿來考試而已，最可貴的是能把學識靈活運用到生活中。要培養國際觀，最好的方式就是訓練孩子平常多注意國際事務，有機會能獨立到海外去遊學或打工。

　　這本書主要是想和青少年分享盟元到國外打工、遊學的經驗。只要存夠了機票費，不必花大錢就能到世界各地學習，用自己的力量打工遊學，除了能訓練孩子獨立生活的能力，更能體會家長們工作賺錢的辛苦，以後更能知足、感恩和惜福；孩子們遠離了自己的故鄉，就更能體會、珍愛自己的家園。很高興能為盟元的第一本書寫序；在此誠摯的推薦青少年朋友們，遊學、打工可以參考這本書，了解如何自己安排到海外的細節。

　　最後，提醒有機會到海外遊學打工的學子，出國前定要先做好功課，行程中要記得沿途要攝影及做筆記，還有最重要的向家裡報平安，這些經歷在不同的年紀裡拿出來回憶，一定有不同的感受與體會。

中華國際奧林匹亞菁英協會 理事長　　

盟元爸爸媽媽的話

在孩子寫這本書的過程中，他常跟我們分享內容，常常我們會看的哈哈大笑，就好像我們順著書的內容也跟著跑了這一趟旅程，"牛跑了"、"羊也跑了" 是我們覺得最有趣的故事，同時，我想孩子應該也體驗了甚麼叫做付出吧！

看他做起行前功課，是漸入佳境，蒐集資料及行程安排的謹慎，讓我們對他此趟行程，漸漸放了心，然而，在孩子與我們討論行程安排的過程中，難免會有意見分歧的時候，這也是一個讓孩子學習如何溝通，如何進與退，去完成一個規劃的機會，也要謝謝侑霖的父母，願意讓他跟著盟元一起飛翔，一起築夢。

孩子跟我們一樣喜歡旅遊，我們總是告訴他，年輕人應該要有豐富值得回憶又不太花錢的旅遊方式，幾年前我們告訴他有種打工換食宿的農場志工渡假方式，只要自己肯付出，不但可以以有限的預算，深入體驗當地的生活及人文歷史，又可以達到自己想要看看外面世界的夢想，如今，他實現了這個夢想。

常有朋友問我，要如何讓孩子跨出去，我想，我們不但要當推手，還要學會放手，真的，當你把孩子推出去時，你會知道，原來你的孩子也有你意想不到的本能，當你放手時，你才會真正發現， 原來你的孩子也做得到的。

孩子，這只是一個人生旅途的開始，沿路要學習的還有很多， 繼續加油吧！

盟元的爸爸、媽媽

侑霖爸爸媽媽的話

　　侑霖在歷經學測關卡後，跟我們提議和盟元兩人計畫背著行囊浪跡天涯，因侑霖個性樂觀獨立，能夠有機會放眼天下，增廣見聞，本著禁錮的鳥兒，如何能引歌高吭！？年輕就是要盡情揮灑自己的色彩！這種體驗即便是王子的血淚落難記，為人父母者仍樂意尊重並支持孩子的決定。

　　整個行前策畫，兩個孩子不厭其煩地討論著，我們也因為孩子與盟元的父母結緣，由衷謝謝盟元一家，使我們從中受益良多。侑霖從小假期都在鄉下度過，但不熟悉農務，有機會參加 WWOOF 組織到德國南部親身體驗農夫的生活，吸收自然環境生態的知識，了解有機種植的資訊，讓總是衣食無缺、視一切為理所當然的孩子，能從中學習人際互動，重新檢視自我，修正生活態度。

　　侑霖的短期遊歷，不知是否喚醒內心尊重自然的意識，但，從侑霖最近DIY脆皮多汁的桶仔雞，又動手搭棚架，種植作物，全家期待可以在自家農地藤架上，欣賞結實纍纍的百香果景象來看⋯這經歷不僅使我重新覺得擁有一顆柔軟心的兒子，相信在孩子的生命篇章中必定也增添了精采豐富的扉頁。

　　我想一個人的生活哲學不是在他的話言語裡，而是表現在他的選擇裡，孩子親近土地、了解土地及愛自己的土地，便是對志工旅遊做了最好的註腳！

侑霖的媽媽　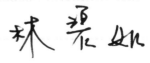

同行夥伴心得

　　在經過一段時間的討論與計畫後，我們踏上了旅程，對於自己要在歐洲生活一段時間感到興奮，在下飛機的那一瞬間，我們的心情都是一樣的，真的是超級的興奮。

　　雖然剛下飛機，我們還是迫不及待的坐上歐洲著名的高速列車，前往農場，一路上見到了歐洲的風景，跟台灣真的是有很大的不同，一眼望去是一望無際的農田、天空，還有到處可見的自行車道及在騎自行車的的人們，抵達農場所在的車站，農場女主人親自迎接我們，抵達農場，也遇見了跟我們一樣來自不同國家的人，經過他們的介紹，我們慢慢的熟悉環境，也漸漸的跟他們聊了起來。

　　儘管剛開始有些不太習慣他們的生活步調，可是慢慢的，就變得像一家人一樣，融入他們的生活，農場生活中，學到了在我們平常生活中所學不到的事情，在菜園裡種菜、除草，廚房中做菜烤麵包，房子外作雕塑、餵馬兒吃東西等等……，其實當你享受在農場生活時，你往往會忘記時間，心想時間怎麼會過的這麼快，餐桌上大家一起吃飯、禱告的感覺真得很好，假日還會跟著外國朋友一起到附近的鎮上玩玩，吃吃美食，晚上工作結束就到房間喝上一杯到地的啤酒。

　　這趟歐洲農場志工旅行，我們總共去了 2 家農場，雖然 2 家農場是不同的家庭，不過他們對我們的熱情是一樣的，我們也在這 2 家農場中認識到不少的朋友、學到不少的東西、也體驗到了到地的農場生活，我覺得這是我們這趟歐洲農場志工旅行最大的收穫之一。

　　結束了歐洲農場之旅，再來就是歐洲自助旅行之旅，坐上長途火車，當名自助旅行的背包客，穿梭於歐洲！首先我們往奧地利跑，前往莫札特的故鄉；薩爾斯堡接著是音樂之都:維也納最後再繞回德國，這趟旅程中我們所住的是青年旅館，便宜又舒服，跟別人住還可以認識新朋友，討論和分享觀光地點，我們也利用網路查尋不錯的景點，當然也會遇到台灣國人，他們也很熱心的跟我們介紹地理環境和哪裡有不錯的景點，我們也分享我們在農場志工的經驗，聊得很開心。

　　時間真的是過得很快，一個半月說短不短說長不長，我們的歐洲之旅也到了尾聲，在買了一堆的紀念品後，我們走入了機場的候機大廳，對於即將離開的歐洲感到有點依依不捨，這段時間真得非常快樂，上飛機時看著機場，心中也慢慢浮出了這幾天的畫面，期待下次還能再來歐洲農場志工旅行。

旅伴　

作者序。

Meng Yuan - Lu　盧盟元

14

　　坐在飛往法蘭克福的班機，大約 16 小時後才會落地。

　　在分不清楚幾時幾分的夜晚裡，我開始計畫著把這趟旅程的點滴記錄下來，讓自己有更多的回憶。回到台灣後，很多同學及爸媽的朋友都來詢問此行的細節，在經過思考之後， 心想乾脆把這趟旅行的紀錄整理成冊，一方面當作給家人的一份紀念品，另 一方面藉此跟大家一起分享這趟旅程的點點滴滴，於是這本書就產生了。

　　從查 WWOOF 農場、訂火車票、訂 HOSTEL 、查當地地圖…等，還好有爸媽的專業知識可以提供及協助，加上自己一步一步摸索出來才得以成行。也因為是第一次這麼樣沒有大人的陪同下準備外出台灣，很多東西都要親自去處理過才會知道那種感受。以前只要爸媽要到國外工作兼旅遊的時候，都會看到他們花非常多的時間查資料、做功課，我每次都會覺得出國為什麼要這麼麻煩（就連這次要到德國我也一度差點放棄），但這次花了許多時間在做前置作業加上這一趟回來給我的領悟是：「這些工作的確是必要的。」

　　另外，我不僅要感謝我的爸爸媽媽，因為他們的支持及協助才能讓這趟旅程順利地出發。還有我的好夥伴侑霖和侑霖的媽媽，感謝他們的信任讓他和我一起到遙遠的地方冒險。當很多人的暑假在毫無規劃中度過時，我們已經一起完成一趟壯遊之旅：)

我永遠忘記不了這趟旅程

　　回顧這些來自半年前的照片，我閉上眼睛腦海中浮現的又是那些深刻又明亮的景象。回想起在歐洲的那段日子，有美好、有歡笑、有淚水、有感動。雖然沒有辦法一年四季都待在那裡，但景象卻是一年四季都會在我心中留存著。

　　頭一次這麼近距離的和一大群的牛兒、羊兒接觸和照顧牠們。除了要小心躲避地上的便便，還可以把飼料放在雙手手掌上感受那種被羊兒的舌頭舔的奇妙觸感，那是多麼有趣的體驗；

　　在家的時候，沒有做過敲打牆壁的工作。到此 WWOOFing 後，我不僅體驗了拿著鐵鎚將整面牆打掉，還能將人行道的水泥磚都挖了起來；

　　我終於相信，原來一根小小的鋸子竟然可以將一棵雙手環抱不起來的樹木給鋸斷；

　　而送禮和收禮物也都是一種不一樣的思維，原本在送出禮物後沒有得到對方驚訝與雀躍的失落中，後來才了解原來德國人的民族性，這種感受是放在心上而不是寫在臉上；

　　與來自各地的 WWOOFer 相處的日子裡，我了解到原來歐美的青年，不管是男生還是女生，相較於我們亞裔民族，是更加的獨立、更加的勇敢，十八、九歲就會離開家到外面的世界去闖蕩了。

　　一趟 47 天的旅程，讓我了解書本以外的天空是如此寬廣，所謂：「讀萬卷書，不如行萬里路」正是如此吧！若有機會，我還要再次壯遊！

好友留言板

德國旅途中認識的朋友 樂小媽：旅行對我來說，是閉上雙眼隨意跳上一列火車，欣賞沿途優美的異國風景，被吸引住了就下車，預料之外的驚艷總是旅行最美的回憶。在法蘭克福火車站對面的一間 Hostel，一群白人當中唯一的黑髮男孩，戴著認真的表情在吧台邊昏暗的燈光下，記錄著當天所發生的事。外表看似文靜內向，其實對旅行懷抱著滿腔熱血，誰說旅行一定要花大錢、吃高級餐廳？誰說旅行一定要如此緊湊，像趕火車般的行程？帶著隨遇而安的心，跟著作者來趟德國的深度旅行吧！

表哥 許碩展：當初聽到你要自己去旅遊打工的時候，只是覺得不錯喔！很有想法，但沒想到才剛高中畢業的你馬上能獨當一面，從行程的規劃安排到旅行再到出書，一切到現在都還讓我感覺非常不可思議！

高中同學 呂承瀚：當初盧盟元問我要不要和他一起出國時，我竟天真的以為我以後還有很多機會可以出國遊玩，不差這一次，但到了現在，我卻還有點後悔去年給他的拒絕。其實有很多事到長大了才明白，想開拓自己的視野，想增強自己的能力，所有的基礎跟機會都建立在名為「年輕」的地基上，旅遊的好處遠比我們所想像的還多。看了這本書，我想不只有德國，其它的地方也值得你去欣賞，門外的世界，比網路空間還有趣多了。

交大資培營小隊輔 賴子衡：盟元是我兩年前帶營隊的小隊員沒想到兩年不見，竟然要出書了！書中充滿了年少青春的青澀與新鮮，也充滿了亟欲與各位讀者們分享的熱情，不管你是大人還是小孩，如果你也正為安排一趟出國自助旅行，都應該帶著輕鬆愉快的心情來閱讀這本書！

大學同學 蘇盟凱：對我來說，出國旅行是件不曾去實際想過的夢，儘管交通便利、經濟允許，但它截至目前為止終究是個夢。讀這本書的同時，我彷彿身歷其境，真實的生活過一樣，沒旅行過的你，不妨讓這本書帶領我們去旅行吧！

朋友 - 農夫 陳鴻毅：在這什麼物價都上漲只有薪水沒漲的年代對我來說想要出國旅遊簡直真的是天方夜譚，直到某次和盟元聊天中他和我分享了 WWOOFING，讓我知道原來出國旅遊也可以一兼（出國旅遊玩樂以工換食宿的方式減少預算開銷）二顧（參與當地有機農場學習健康的有機生活經驗），摸牡蠣（認識當地人文風情了解當地文化）兼洗褲（提昇你的英文聽說能力）。現在作者將他的 WWOOFING 經驗編寫成一本書分享給大家，趕快背起你的背包一起和作者體驗去吧！

國小同學 吳佩軒：行萬里路，勝讀萬卷書。在即將要升大學的暑假，盧盟元勇敢的出發去追求一個大多數人不敢去追求卻又渴望的獨立。獨立可不只是自己打工賺錢，自己花光，然後又躲進父母的懷抱中，而是學習怎麼樣自己一個人在社會中求生，對抗社會中給你的壓力、誘惑，並且從中學習到寶貴的經驗。走吧！跟著他一起去體驗德國的風情與文化！

國中同學 施建廷：認識盟元也已經 7 年了，他是一個會給大家 surprise 的人。當然這次也不例外。還記得 2011 年 6 月，當時我正處於大學指考的泥淖中，他就已經朝著他的理想大步邁出。我還在想一個 18 歲的年輕人要在有限的經費中到歐洲旅遊幾個月根本不可能！但是他做到了，他藉由 WWOOFnig 做到了。希望這本書也能給廣大的讀者帶來一場神奇的旅程。

國中同學 劉至鴻：看完這本書讓我想到在小學五年級，去了溫哥華與家人一起住在 HOME STAY 一個月，也去了洛杉磯冰原，到處遊玩、遊山玩水。這趟旅程是個不錯的新體驗。希望大家看完這本書，也能多到國外走走看看。

高中同學 李巧甄：農場打工自由行？！那是什麼？第一次聽到自助旅行也可以這樣玩，還真想親身體會那種 "樂在之德" 的異國風情呢！

國小同學 余家瑩：我和盧盟元是小學一年級同學，我們原本不熟，直到有一次我們在書店巧遇，便在書店裡玩成一塊，從此，我們這十幾年來的友誼從沒間斷過…也許是他從小就愛待在書店吧，現在居然也起了想出現在書裡的念頭？我覺得像盧盟元這樣為其他也想出國打工遊玩的人給些建議很好，因為不管是誰，只要看到他那麼成功的一躺旅程回來，也都想像他一樣，邊打工邊放假！

國中同學 李奇璇：他做的就是我想做的，我很訝異他可以藉由 WWOOFing 到德國農場打工，以前的我都只是想靠 WORKING HOLIDAY 來完成夢想，如今又多了一個選擇！非常推薦年輕人們看這本有趣而富有行動力的夢想書。

小楊姊姊：我的大朋友，恭喜你吶，果然說話算話，而且實踐力超強唷！從學樂器、作詞作曲、也學到了怎麼拍影片、到出國打工記錄點滴成冊，讓我第一次很認真地重新認識了射手座的你，不斷嘗試新的東西、體會不一樣的經驗，而且對生命保有熱情！而我也相信，熱情會讓你對所有的事都有滿滿動力去全力以赴哦！即便拐個彎，其中經歷仍會有所得，而最終也會抵達目標的！年輕果然是王道呀！

上工囉！

No.:
Date:

目錄 Contents

推薦序　6
作者序　14
好友留言板　16

CHAPTER ONE　楔子　在台灣的故事　20
行前規劃　22
德國國鐵購票教學　32
WWOOF 註冊教學　36
我怎麼寫 e-mail？　38

CHAPTER TWO　在德國的故事 Part 1　40
踏出第一步，出發　42
第一次海外工作，開始！　48
美食時刻，德國豬腳　58
放假何處去？　68

CHAPTER THREE　中場休息　74
紐倫堡 Nürnberg　76
斯圖加特 Stuttgart　82

LI WEY

CHAPTER FOUR 在德國的故事 *Part 2* 88

I come, Singen！！ 91
美麗的 Konstanz 96
小鎮一年一度的慶典活動 106
牛羊兒別跑啊！ 110

CHAPTER FIVE 奧德，就這樣 116

薩爾斯堡 Salzburg 118
維也納 Wien 124
慕尼黑 München 131
法蘭克福 Frankfurt 137

後記 148
德國旅遊資訊 150

CHAPTER ONE

楔子 在台灣的故事

咩~

行前規劃

德國國鐵購票教學

WWOOF 註冊教學

怎麼寫 e-mail?

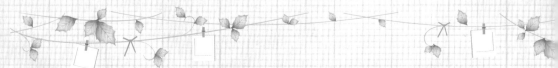

哇！好興奮！第一次獨自坐飛機出遠門。

　　如何用最經濟的方式完成我的旅遊夢想呢？我想了又想，兩天後突然一個念頭閃過，兩年前爸媽曾經跟我提過的一農場志工旅遊！！

　　WWOOFing 就是這樣，對方提供你食和宿而不支薪，雖然沒有薪水，但卻可以用很少的費用完成旅遊的夢想，同時更可以融入當地生活、體驗當地人文。

行前規劃

有夢最美

　　2011 年，我考完了學測也確定不再考指考之後，整顆心就一直期待著漫長的暑假要如何好好規劃，想了又想，我還是想出國旅行。

　　四月中旬，在一個機緣下聽完一場北歐遊輪之旅說明會後，「蠢蠢欲動」更加佔據了我的心。尤其是說明會裡提到了郵輪裡的豪華設施與設備和 24 小時隨時想吃東西的時候都可以免費吃到飽的服務，那時我的心更癢了，但當我聽到那驚人的費用，我差點從椅子上摔了下來！這時我開始思考媽媽曾告訴過我旅遊要有它的價值，所以我決定去尋找所謂的「替代方案」。

　　回家之後我開始思考，如何用最經濟的方式完成我的旅遊夢想呢？我想了又想，兩天後突然一個念頭閃過，兩年前爸媽曾經跟我提過的—農場志工旅遊！！沒錯！就決定是農場志工旅遊了。我興沖沖的跑去媽媽的面前：「媽，我想要去志工旅遊啦！」因為在這之前媽媽有聽過 WWOOF 這個組織，也就馬上同意了。有了爸媽的支持，我便開始著手規劃了。

　　所以四月就是這次到德國的起頭。將近一個半月的前置作業時間不算太短也不算太長，一定要做足功課，讓自己的旅途順利，旅途結束之後也擁有一份美好的回憶。

著手規劃，第一步

　　媽媽對我此趟旅遊的要求，除了安全還是安全。

　　由於是我第一次一個人在國外，而且又是遙遠的歐洲，所以要求我至少要找一個伴和我一起出去他們才會比較放心。隔天下課時間，我在班上隨口問了一句：「誰畢業後要馬上跟我去德國農場志工旅遊？」一剛開始班上大部分的同學聽到都非常有興趣，但在問完我一些細節之後便都打退堂鼓。

　　例如：有多少錢可以賺？這樣去一次要花多少錢？我英文又不好，這樣可以去嗎？而我的回答是，WWOOFing 就是這樣，對方提供你食和宿而不支薪，雖然沒有薪水，但卻可以用很少的費用完成旅遊的夢想，同時更可以融入當地生活、體驗當地人文。像我這次規劃一個半月到德國 WWOOFing 總開銷大約不到十萬台幣。英文不好沒關係，語言是可以邊走邊學的，但不能連最起碼的溝通都不行⋯⋯

　　後來終於有一個同學說他要回去問問看媽媽同不同意讓他一起去，而他給我的答案也是肯定的，這也就讓這次出國的計畫往前邁向一步了。另外提醒大家，出國一趟這麼久，慎選玩伴也是很重要的，到了國外若有什麼意見不合的事情最好也是各退一步，海闊天空。否則在國外剩下的日子可是會無法繼續玩下去哦！

www.wwoof.de 找農場

　　找到了同行的夥伴之後，下一步當然就是開始找農場啦！

　　找農場說真的，其實沒有想像中的容易，因為除了找到適合的農場之外，還要考量到每個農場之間的距離，和交通的便利性，最重要的是有沒有自己不喜歡的動（植）物或是會過敏的動（植）物，像貓、狗之類的。

　　我這次挑選的農場主要都集中在德國南部，理由是因為之前和家人來過德國，卻只都在北部的大城市，像柏林、漢堡等地。南部對我來說則是一塊完全陌生的新大陸。挑選農場時有幾個方向，第一就如同上面所述，先決定好喜歡東南西北哪一區（官方網站則是以邦為分類），再來進入每一個農場的詳細介紹，挑選一家符合自己喜好與興趣的農場，最後和農場主人聯絡（之後的頁面對於官方網站的功能有詳細的教學）。

確定景點

　　找完確定要前往的農場之後緊接著就要開始規劃景點啦！景點可以分成兩大部分，一個是你在農場 WWOOFing 那段期間的空閒時間或是假日可以前往的地方（亦即一天之內可以來回的地方），如果經過農場主人許可，也可以安排兩天的行程，另外一部分就是從一家農場離開到前往另一家農場這段路程會經過且可以停留個二至三天的地方。當然，除了 WWOOFing 以外，如果要回國之前，後面還有排一段旅遊的時間，那就是第三部分。

行程安排

　　當一切都就緒了以後，製作一張內容詳細的行程表就是一件很重要的事情。它的功能必須包括你所要搭乘的大眾運輸資訊（時間、班次等）、各農場及旅館的連絡資訊，當然還有最重要的就是日期了。有了這張表格你可以隨時查詢下一個目標，才不會因為零零散散的資訊把自己弄得慌慌張張，這樣就會掃興囉！

好用的 Google Maps

　　出發前，不要以為地址都確認過了，到當地只要走走看看路標就可以順利抵達，其實 Google Maps 對出國的人來說真的是一個很實用的工具。

　　首先，你可以先用 "路徑規劃" 功能，規劃從火車站或是某些特定點到另一個景點，取得所需時間及明確方向。

　　再來利用（Street View）"街景視圖" 功能，先查看目的地附近的景象，像我這次到斯圖加特（Stuttgart）的時候，以為迷路了，後來看到先前在 Google Maps 街景視圖裡的景象才確定沒有走錯，順利的抵達飯店（當然還有好心的路人幫忙），這都多虧有了 Google Maps。最後，在出發前印幾張 Google Maps 下來吧！我再次強調，別小看它們：)

國際學生證

如果你還有學生的身分，那在辦所有手續之前記得務必先辦一張國際學生證。

一張國際學生證足以讓你省下不少的錢，不只你到國外用餐、住宿或購物等都可以享有優惠。在搭乘大眾運輸方面的優惠更是可觀，光是機票就省了大約一萬元，再來就是火車票，有許多方案都是為學生所打造的，只要辦張學生卡或是青年卡，所有票價直接原價 75 折甚至是 5 折（要另外辦理優待卡，下一段有提到）。如果要申請的話，直接上康文文教基金會的網站（www.travel934.org.tw/）查詢即可。

各國交通優待卡

這次的旅途，搭乘火車到達三國，分別是德國、奧地利和瑞士。

如果我是從德國境內出發至任何地方，亦或是從各地前往德國的火車，都只需購買一張 BahnCard，依照折扣多寡還區分成 25、50、100 三種。而奧地利的 Vorteils Card 可以將所有車票直接打五折，如果未滿 26 歲購買，一張只需要大約 20 歐元。

東西帶剛好就好

出國，如果不是都在遊覽車上，像這次我們幾乎都是徒步或搭乘交通工具，而且必須不斷地奔走於各地，那千千萬萬不要帶了超過十公斤重的行李。

像這次我帶了將近 25 公斤的行李，實際上有很多衣服是我在當地不曾拿出來穿的，而當你需要穿越地下道或是帶著它趴趴走的時候，真的是一件很累人的事情。最好的辦法是帶一個中的行李箱，背一個背包，也可以準備一個備用的購物袋，好讓你買紀念品時可以放置。下兩頁有我為大家準備的行前準備資料卡：

行李檢查表

資料類

01 ■ 護照
02 ■ 國際學生證
03 ■ 青年旅舍卡
04 ■ 工具書
05 ■ 街道地圖
06 ■ 各區地鐵圖
07 ■ 德漢字典
08 ■ 簡明火車時刻表
09 ■ 兩吋照片*5
  （辦優待卡需要）
10 ■ 行程表
11 ■ 火車票、機票
12 ■ 錢（歐元、台幣）

電子類

01 ■ 手機充電器
02 ■ 相機充電器
03 ■ 筆電充電器
04 ■ 筆記型電腦
05 ■ 耳機
06 ■ 相機
07 ■ 萬用轉接頭
08 ■ 讀卡機
09 ■ 網路線
10 ■ 相機電池
11 ■ 滑鼠
12 ■ 計算機

盥洗用品類

01 ■ 牙刷
02 ■ 牙膏
03 ■ 沐浴乳
04 ■ 洗髮乳
05 ■ 洗面乳
06 ■ 潤髮乳
07 ■ 毛巾
08 ■ 浴巾
09 ■ 洗衣袋

衣物類

01 ■ T-shirt
02 ■ 薄外套
03 ■ 厚外套
04 ■ 稍舊的長褲
05 ■ 稍舊的衣服
06 ■ 睡衣褲
07 ■ 襪子
08 ■ 內衣褲
09 ■ 泳衣
10 ■ 帽子
11 ■ 太陽眼鏡

12 ■	拖鞋		17 ■	水壺
13 ■	雨鞋		18 ■	食譜
14 ■	布鞋			
15 ■	稍舊的鞋			
16 ■	針線包			
17 ■	後背包			
18 ■	側背包			
19 ■	腰包			

日常用品

01 ■	備用藥（必帶）
02 ■	小包面紙
03 ■	盒裝面紙
04 ■	吸油面紙
05 ■	濕紙巾
06 ■	梳子
07 ■	棉花棒
08 ■	手電筒
09 ■	文具用品
10 ■	電話卡
11 ■	計算紙
12 ■	面速力達姆
13 ■	餐具
14 ■	雨傘
15 ■	枕頭
16 ■	泡麵

準備
行李囉！

計畫還真的趕不上變化

這一趟旅程，包含在飛機上的時間，總天數為 47 天。而這次的旅程也讓我意識到行程的彈性是非常重要的，包括轉乘大眾運輸的時間不能安排得太為緊湊。

原本行前規劃為前往三家農場，也都已經和農場聯絡過了，但因為當時我們從第一家農場換到第二家的時候就已經有點疲倦了，加上我適應一個新環境需要大約一個禮拜的時間，而時間一到就要離開前往下一個目的地，所以抵達第二家農場之後我便發了封 e-mail 給第三家農場的主人，告訴他們的行程有點改變，可能無法前往了，也和農場主人道了歉。

當然，其實如果你沒有惡意，也不用覺得對對方感到不好意思或是害怕對方的回覆會讓你感到不舒服，破壞你旅行的氣氛。像我收到對方的回覆之後，對方不但說「It's all right.」而且還祝我玩得愉快。這更證明了 WWOOF 的自由，沒有約束，而且農場主人大部分都很好的。

這是行前原訂的旅遊計劃表，但實際上的行程還是有些變動。

Travel Plan

Member: Meng Yuan,Lu + 8869___, Yu Lin, Sung + 8869___

Contact detail:

Farm No.1 : Gärtnerhof van Putten-Gei...
Marianne van Putten und Florian Geie...
Veitlahm 11
Liebfrauenhof
95336 Mainleus
Phone: 09229/7490
Fax: 09229/8148

Farm No.2 : Ponde Rosa
Peter und Rosa Nägele
Im Zinken 12
78224 Singen-Friedingen
Phone: 07731/47206
Email: Fuhrhalterei@web.de
website: www.Fuhrhalterei-...

Farm No.3 : Walnusshof
Bahnhotstr. 6
74864 Fahrenbach
Phone: 06267/928202
Mobil: 0175/2894441
Email: hkempen@vahc...

Day 20 & 21
Hotel : Inter-Hostel
Inter-Hostel Stuttga...
Paulinenstraße 16
70178 Stuttgart

Tel. 0711 / 66 48...
Fax 0711 / 66 4...
E-Mail: info@i...

Day	Date		Place	Time	Transportation	Stay
01	6/14	Tue	Taichung - TPE	17:20 - 19:30	U-Bus (Bus)	
			TPE - FRA	23:15 - 06:50 +1	CI 61 (Air)	
02	6/15	Wed	Frankfurt airport - Frankfurt Hbf.	08:17 - 08:28	S-Bahn (MRT)	
			Frankfurt Hbf. - Würzburg Hbf	10:18 - 11:25	ICE 1021 (Train)	
			Würzburg Hbf - Bamberg	11:36 - 12:33	RE 4785 (Train)	
			Bamberg - Lichtenfels	12:38 - 12:56	RE 4106 (Train)	
			Lichtenfels - Kulmbach	13:00 -13:19	RE 3047 (Train)	
03	6/16	Thu	In Farm No.1			Farm No. 1
04	6/17	Fri				
05	6/18	Sat	(In Farm)			
			Mainleus - Kulmbach	09:48 - 09:53	AG 84273 (Train)	
06	6/19	Sun	Kulmbach - Mainleus	17:00 - 17:04	AG 84556 (Train)	
07	6/20	Mon	In Farm No.1			
08	6/21	Tue				
09	6/22	Wed	In Farm No.1			
10	6/23	Thu				
11	6/24	Fri				
12	6/25	Sat				
13	6/26	Sun				
14	6/27	Mon				
15	6/28	Tue	In Farm No.1			
16	6/29	Wed				
17	6/30	Thu				
18	7/1	Fri				
19	7/2	Sat	Leav Farm No.1			
20	7/3	Sun	Mainleus - Bamberg	09:42 - 10:19	RE 3022 (Train)	Inter-Hostel Stuttgart
			Bamberg - Nürnberg Hbf	10:35 - 11:20	RE 4783 (Train)	
			Nürnberg Hbf - Stuttgart Hbf.	11:39 - 13:53	IC 200 (Train)	
			- Stuttgart City Tour			
21	7/4	Mon	- Stuttgart City Tour			Inter-Hostel Stuttgart

　　大眾運輸方面，我以火車為例，在歐洲你不太可能搭一班車就可以抵達目的地，通常都必須轉個二至三次的車。而這時候假若你將轉車時間排得太緊湊，萬一遇上火車誤點或是彼此間的月台相隔太遠的話，不只會趕不上火車，而且行程會整個往後延，到最後衍伸的問題會更多哦！不過如果是利用德鐵官網安排的轉車時間就不需要擔心了，因為萬一你搭的這班車剛好誤點，所有搭配的火車發車時間也都會一起延後，只是到了中繼站的時候還是得確認一下月台是否和當初在網站上看到的是同一個。

德國國鐵購票教學

Step 1

Step 2

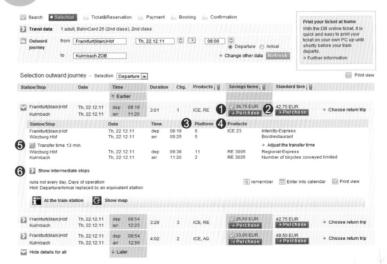

請你跟我
這樣做~

Step 3

步驟一

　　1.出發地 2.目的地 3.單程票 4.來回票 5.出發時間 6.抵達時間 7.快速轉乘 8.當地交通（公車、電車） 9.選擇你的 BahnCard 種類。

步驟二

　　1.類似早鳥優惠的價格 2.標準價格 3.月台 4.車次 5.有 13 分鐘可以換月台，如果走路較慢的人建議不要選轉乘時間太緊湊的班次 6 顯示中途停靠站。

步驟三

　　1.二等車廂優惠價格通常有兩種，如果最便宜的賣完了就只能選擇次便宜的 2.頭等車廂的優惠價格 3.二等車廂標準價格。

Step **4**

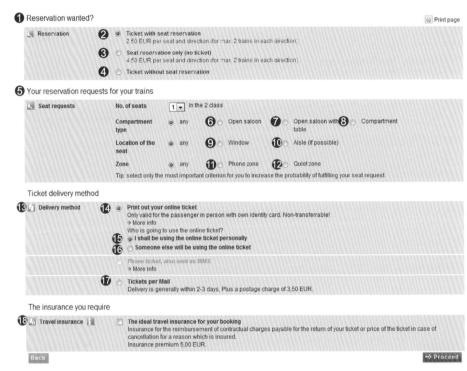

1 Reservation wanted?   🖨 Print page

🔲 Reservation	**2** ⦿	**Ticket with seat reservation** 2.50 EUR per seat and direction (for max. 2 trains in each direction).
	3 ◯	**Seat reservation only (no ticket)** 4.50 EUR per seat and direction (for max. 2 trains in each direction).
	4 ◯	**Ticket without seat reservation**

5 Your reservation requests for your trains

🔲 Seat requests	No. of seats	1 ▾ In the 2 class		
	Compartment type	⦿ any	**6** ◯ Open saloon	**7** ◯ Open saloon with **8** ◯ Compartment table
	Location of the seat	⦿ any	**9** ◯ Window	**10** ◯ Aisle (if possible)
	Zone	⦿ any	**11** ◯ Phone zone	**12** ◯ Quiet zone
	Tip: select only the most important criterion for you to increase the probability of fulfilling your seat request.			

Ticket delivery method

13 🔲 Delivery method	**14** ⦿	**Print out your online ticket** Only valid for the passenger in person with own identity card. Non-transferrable! ➜ More info Who is going to use the online ticket?
	15 ⦿	I shall be using the online ticket personally
	16 ◯	Someone else will be using the online ticket
	◯	Phone ticket, also sent as MMS ➜ More info
	17 ◯	**Tickets per Mail** Delivery is generally within 2-3 days, Plus a postage charge of 3,50 EUR.

The insurance you require

| **18** 🔲 Travel insurance ℹ️ | ☐ | **The ideal travel insurance for your booking**
Insurance for the reimbursement of contractual charges payable for the return of your ticket or price of the ticket in case of cancellation for a reason which is insured.
Insurance premium 5,00 EUR. |

Back   ➜ Proceed

步驟四

　　1.是否需要劃位？ 2.購票並劃位，除車票外需另付 2.5 歐元 3.僅劃位不購票，僅需付 4.5 歐元，僅買票不劃位 4.僅買票不劃位 5.座位需求 6.普通座位 7.普通座位含桌子 8.包廂式座位 9.靠窗 10.靠走道 11.普通車廂 12.寧靜車廂（此車廂禁止講行動電話） 13.選擇取票方式 14.自行利用印表機列印 15.此票卷是我本人使用 16.其他人會使用這張票 17.利用郵寄方式寄送，需 2-3 工作天並需另付 3.5 歐元 18.是否需要購買旅遊保險。

Step ⑤

① ☐ **I wish to book an online ticket and accept the → AGB·**
I have read and accepted the → Instructions for use of the online ticket. I am the personal holder of the identity document stated below (bahn.bonus Card, BahnCard, credit card, ec card (Maestro) or personal identity card) and I have taken note of the fact that I must carry this document with me on the booked journey, together with the printed online ticket.

② **Your identification as ticket holder on the train**

Which of the following cards would you like to use to identify yourself as holder of the online ticket during the journey?

○ bahn.bonus Card　○ BahnCard　◉ Credit card　○ ec-Karte (Maestro)　○ Identity card

Credit card number* [_____③____] valid until* [▼] [▼]

→ Also use this credit card for payment

Your personal data

④ Salutation*, Title [Mr. ▼] [_____▼]
④ First name* [_____]
⑥ Street*, number* [_____]
⑧ Country* [Germany (DEU) ▼]
Additional address line [_____]
E-mail* [_____]

⑤ Surname* [_____]
⑦ Postcode/ZIP*, Town/city* [_____] [_____]
State/province [_____]
⑨ Telephone 1* [_____]
(only in case of queries about your booking)

⑩ **Payment method**

Payment by direct debit
It is not possible to pay by direct debit when you opt for "Booking without login". After you have completed your booking, you have the option of registering for My Bahn, where you can register for the direct debit procedure.

Credit card payment
⑪ Credit card type* [Please choose... ▼]
⑫ Credit card number* [_____]
⑬ Expiry date* [▼] [▼] MM/YYYY
⑭ Card verification number* [_____]
→ Where do I find the card verification number on my card?

Other Services

☐ **bahn.bonus**　　I would like to collect bonus and status points for → eligible DB products for this booking.
The card number of BahnCards with credit card function is stated on the back of the card.

步驟五

　　1.直接核取框框即可 2.在火車上查票員會依據此資訊確認持票人是否為本人 3.這裡務必選擇會帶出國的卡別，萬一本身沒有信用卡而借別人的卡付款，請選擇 BahnCard 或是 Identity Card（填寫護照號碼） 4.名 5.姓 6.住址 7.郵遞區號 8.國家 9.行動電話，開頭為 886 10.付款資訊 11.信用卡種類 12.信用卡卡號 13.到期日 14.驗證碼三碼。

WWOOF 註冊教學

Step 1

WWOOF Deutschland

Email address · · · · · · · · · · · Login

Need your confirmation email again?
Forgot your password?

Step 2

🏠 News about WWOOF FAQ Farms Forum Contact **Registration**

Step 3

ere are two different types of membership:

Only online access, fee 18.-€/year:
entitles you to access the host details online. (it's not possible to print a hos

Online+printed host list, 25.-€/year:
entitles you to access the host details online plus a printed host list. (printe
version translated to English)

Step 4

*E-Mail / Login　　帳號

Membership type:　Only online access, fee 18.-€/year ▼

*Last Name　　　姓氏

*First Name　　　名字

*Street address.　地址 (可以到郵局網站的地址中譯英功能查詢)

*Postal Code　　郵遞區號

*Town/City　　　居住城市

*Country　　　　國家

Additional
address details

步驟一

點選 🇬🇧 調整成英文。

步驟二

點選 Registration（註冊）。

步驟三

選擇你想購買的種類，18 歐元只能自線上獲取農場資訊，25 歐元可以獲得紙本的農場聯絡資訊（他會寄到你的通訊處），我的建議是購買 18 歐元就可以囉！

步驟四

輸入完基本資料後按 Submit 送出資料，接下來會在你的 E-mail 收到一封來自系統發出的信，你必須在 10 天內完成付款（僅限使用信用卡付款）完成付款後才能順利取得農場聯絡資訊喔！

步驟五

　　啓用帳號之後才可以付費喔！付費系統為 Paypal，有中文語系，所以這邊就不另外教學了。
1.點選此啓用帳號。

步驟六

　　在首頁會看到這張德國全圖，選擇你所喜好的邦點選，像我選的那兩家農場都在德國南部。

步驟七

　　在這邊慢慢挑自己有喜好的農場。

步驟八

　　這邊可以看到農場的所有資訊，包括農場簡介、工作時間、動物的種類、是否歡迎小孩及素食主義者、至少要待多久…等。

　　特別要注意的是動物的種類，要仔細看是否有自己過敏或害怕的動物。 1.聯絡資訊 2.農場主人的名子 3.如何前往 4.農場簡介 5.工作時間與地點。

步驟九

　　假若看完農場的所有訊息之後，覺得該農場不錯的話就可以切換到 Contact 頁面查看農場的連絡資訊，包括地址、電話、E-mail 等。

怎麼寫 E-mail?

看完每一間農場的所有資訊後，最重要的一步當然就是開始和農場聯絡，這樣才能確定是否有地方可以 WWOOFing 喔！我是這麼寫的：

> Dear Host,
>
> Good day. I know your farm from WWOOF Deutschland. I am a wwoofer. My friend and I are planning a trip for Farm Volunteer to know much about the culture of Germany and broaden our horizon.
>
> Would you tell us more about your farm? And how we could be your volunteer to have a short stay at your farm with your family?What more information about us should supply to you? What is the available date for your farm?
>
> This trip just my friend and I. We are 18 years old and we are from Taiwan.
>
> If you have any question or suggestion, please feel free to contact me.
>
> Thanks and best regards,
> Meng Yuan - Lu
> Taiwan

假若對方和你開始聊到前往的日期與時間時，那麼恭喜你！（通常一次會發好幾封一模一樣的 E-mail 給好幾家不同的農場，因為很多農場在你想去的時段可能都已經有其他足夠的 WWOFer了！）

接著就是詢問一些我認為必問的問題：

Would you tell me how to get to your farm from Frankfurt airport?
你可以告訴我如何從 Frankfurt 機場到你的農場嗎？

Could you tell us what is the working time every day?
你可以告訴我們每天的工作時段嗎？

What do I need to take with me?
我需要帶什麼嗎？

What is the accommodation like? Single or shared?
住宿的房型為何？單人房或是多人房？

What kind of things can I do and see during my time-off?
休息時間我可以做些什麼事情？

What kind of clothing should I take?
我應該準備什麼服裝？

Does your farm have Wi-Fi or cable network? How is it speed?
你的農場有無線上網或有線網路嗎？速度如何？

Do you include three meals a day?
請問有提供三餐嗎？

Is there any other fee will you charge?
你還會收取其它費用嗎？

Should I need to buy any insurance?
我需要購買任何的保險嗎？

從台灣帶到德國的伴手禮，準備來國民外交使用 :)

CHAPTER TWO

出 發~

踏出第一步，出發

第一次海外工作，開始!!!

美食時刻，德國豬腳

放假何處去？

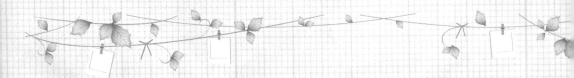

哇！可愛的小羊很激動著喝著牛奶呢 :)

　　到德國的第一天下午，第一項工作任務成為體驗嶄新的開始—餵羊。聽起來似乎很簡單，實際上要體驗過後才知道，餵羊也是要有訣竅的！

　　看到可愛的羊兒們，因為我沒有真正親眼看見一群羊，也沒有在穿梭在羊群中的經驗，這對我來說可真是有趣啊！

踏出第一步，出發

　　起飛前 5 小時我已經抵達台中朝馬轉運站，抱著既興奮又期待的心情前往桃園國際機場，一路上沒有睡覺，我看著窗外的景色，從白天到夜晚。

　　因為太早抵達機場，報到櫃檯還沒有開放，我們用自助報到機 Check in 完後就過了海關，逛了硬體設施已改變許多的免稅商店，吃了義大利麵填飽有點餓了的肚子。登機前還在兒童玩具商店和我最喜愛的米老鼠的手合照。原本想要拍幾張起飛中的照片，但燈光太暗加上窗戶反光就打消了念頭。

Farm 72:
Gärtnerhof van Putten-Geier

2011.06.15
The first day in Germany.

Farm 72:
Gärtnerhof van Putten-Geier

95336 Maonleus, Veitlahm 11,
Liebfrauenhof
Phone: 09229/7490
Fax: 09229/8148
Email: forumnachhaltigkeit@gmx.de
website: www.forumnachhaltigkeit.de

工作內容：餵羊、劈柴、種菜、鋤草、做起士、上市集賣東西
動物：綿羊、山羊、牛、小馬、貓、雞
工作時數：6-8小時/天
推薦指數：70/100

　　因為這家農場只有傳統的暖爐，所以每到冬天都要將這些木柴丟入暖爐中來生火取暖。而劈柴這項工作通常由較壯碩的 WWOOFer 來做，像我們這種瘦小的 WWOOFer 只能小試身手。

穀倉，每當屋子裡的房間數不足以讓所有 WWOOFer 睡的時候，穀倉樓上就會提供其他 WWOOFer 住。睡在穀倉裡雖然沒有這麼舒適，卻也是一種很新鮮的體驗。

下圖就是穀倉二樓，同時也是我們 WWOOFer 聚會的地方。在這裡我們可以聊天、聽音樂、彈吉他到很晚很晚都不會吵到比較早睡的農場主人。

1.農場客廳 2.穀倉二樓 3.裝載被收割的稻草的農具機 4.穀倉 5.農舍的庭院

第一印象，親切的德國

　　從法蘭克福坐了三個多小時的火車抵達，一下火車熱情的老闆娘（Marianne）馬上走過來和我們打招呼，這讓我們有點小驚訝!因為她沒有看過我們的照片，只是看著東方臉孔就認定是我們，或許是因為來這裡的觀光客不多，而且我們兩個看起來又像小孩子吧！

　　Marianne 告訴我們每個禮拜三和六都必須到市集去賣東西，所以其他 WWOOFer 都和她先生去賣東西了，晚一點才會回去。也因為在沒有車的情況下，Marianne 包了一台計程車帶我們回去農場。不到十五分鐘的路程，我們終於抵達在德國的第一個家。原本以為農村人家都睡在農舍裡面，所以我們應該也會睡在穀倉之類的，但！！！一切和我想像的都不一樣。除了前院養了很多隻雞以外，並沒有讓我覺得是睡在農場的感覺，反而Marianne 也給了我們一間屬於自己的房間呢！雖然因為這間房間平常幾乎沒有在使用，所以灰塵多了點，但對我們來說已經很大很好了。

1.抵達德國 Kulmbach 2.我們的房間

45

溫暖的小窩~

放完行李之後 Marianne 先準備一大碗的生菜沙拉待大家回來的時候給大家吃，這時候我很興奮，因為我一直很想認識外國朋友，一方面是練習自己的英文，一方面是以後到國外的時候可以找他們一起去玩，畢竟當地人比較清楚哪裡好玩，所以我迫不及待的想認識其他 WWOOFer 了啦！

過不到一個小時，一台看起來快要解體的白色車子，後面還加掛了一節裝滿東西的拖車緩緩地開進來了，想當然耳是他們從市集回來了！我們兩個過去幫大家把車上的貨物都卸下來放到儲藏室裡面，儲藏室裡面雖然沒有冷氣，卻好像開了冷氣一樣，十分的涼爽。

因為我來德國之前每天看到媒體報導德國小黃瓜有大腸桿菌的新聞，也看到很多專家呼籲到德國不要吃生菜沙拉比較安全，所以我其實不太敢吃，應該說不知道該不該吃，後來問 Marianne 德國現在的疫情發展得如何？她很輕鬆地告訴我那只是個陰謀，為了要哄抬農作物的售價而已，要我們不要太緊張。

一個農人都這麼說了，一方面我放心了一點，另一方面也抱持著一種「既來之，則安之」的心態，就吃吧！！！我是一個不太挑食的人，言下之意就是我也滿喜歡生菜沙拉的，所以雖然一剛開始會在要吃與不要吃的邊緣猶疑，但或許它真的沒有像媒體報導的這麼嚇人，反而當你吃下第一口的時候，所有恐懼都瞬間消失了。

準備吃沙拉囉！

簡單卻非常美味的沙拉！食材只有普通的萵苣、甜菜、甜椒、蔥末、海鹽、橄欖油及檸檬汁。好吃的關鍵在於海鹽及檸檬汁，當然，檸檬汁也可以用橘子汁取代。

在吃飯聊天的過程當中，我慢慢地認識了大家，在我們抵達之前總共有三位 WWOOFer，兩位來自德國的大學女孩，分別叫做 Sabrina Schenk 和 Hannah Schmitt，一個來自加拿大法語區魁北克的大學男孩，叫做 Frédéric Roy。一開始想說等過幾天大家比較熟了之後再一起來拍照，卻不知道Sabrina 和 Hannah 隔天就要離開了，所以都沒有他們兩個的照片了。Frédéric 是一個很風趣的人，他常常會做一些或說一些很搞笑的事情，是大家的開心果。

聊著聊著，他們開始問起台海兩岸的關係，包括台灣人跟大陸人的關係……。總之，外國人似乎對台海兩岸的關係真的是非常有興趣，其實這趟出遊，遇到外國人問到類似的問題我都會告訴他們：「雖然有相同的語言及相似的文化，但是我們的總統是選舉出來的」這真的很重要，一方面是不要讓他們混淆，另一方面當然就是國民外交啦！（題外話: 還記得在從法蘭克福到 Kulmbach 的列車上遇到一位查票員，她就問：「為什麼你的護照已經寫 Taiwan 還要寫 R.O.C. 呢？」我也只能聳聳肩回答：「It's political」這意謂著在歐洲大部分的人早就將台灣視為一個國家了！）

第一次海外工作，開始

到德國的第一天下午，第一項工作任務成為體驗嶄新的開始─餵羊。聽起來似乎很簡單，實際上要體驗過後才知道，餵羊也是要有訣竅的！首先，就是準備羊兒的食物。

Marianne 告訴我們，因為其中三隻羊兒年紀較小，加上牠們的媽媽的奶水也不夠多，所以我們必須自製食物給牠們吃，我們用燕麥片加事先擠好的羊奶，依照一定的比例製作成養分充足的"飲品"放到寶特瓶中蓋上奶嘴，接著將寶特瓶放入已裝滿熱水的水桶中隔水保溫，這樣就大功告成囉！！至於其他的羊兒則吃事先準備好的飼料囉！

晚上六點多，這裡的天色還是如此明亮，老闆和老闆娘開著農具機去他們的牧場，而我們 WWOOFer 則各自騎一台腳踏車跟在後頭。這時候我非常期待看到可愛的羊兒們，因為我沒有真正親眼看見一群羊，也沒有在穿梭在羊群中的經驗，這對我來說可真是有趣啊！

Hannah 告訴我餵這三隻羊的時候其實很簡單，只要把寶特瓶拿在手上放在羊兒的眼前，牠們就會自己把它喝光光了哦。只能說進食是所有動物的本能行為了，呵呵。

因為剛握完飼料，手已都是飼料的味道這頭羊吃完了還意猶末盡的一直舔著我的手。這張照片拍了數次，才好不容易完成呢！

不到 10 分鐘的路程，我們終於來到牧場了。羊兒看到我們的到來，都急急忙忙地奔向我們，大概是聞到我們手裡食物的味道了吧！這些羊兒可愛歸可愛，但到處都是牠們的大便，除了要小心地閃躲不要踩到以外，那味道還真有點令人不舒服啊！

49

別激動~
慢慢來~

50

我們的新成員

　　在我們抵達後的一個禮拜內，陸陸續續又來了幾位 WWOOFer。這次來的都是男生，有來自美國的 Samuel Mintzmyer（圖右），來自德國的 Mitja Chorengel 和 Henry Steffens，還有一樣來自美國的 Austin Volz（圖上右），圖上左是 Frédéric。

　　Samuel 是一位大學生，和 Frédéric 一樣幽默風趣。他利用暑假的時間來到德國練習他的德文，另外在結束 WWOOFing 一個半月的體驗之後，他要坐火車到歐洲各地旅遊，接著到俄羅斯、中國，最後從中國回到美國。

　　Mitja 和 Henry 是剛畢業的國中同班同學，雖然他們低於 WWOFer 的年齡限制，但為什麼能成為 WWOOFer 呢？因為他們好像錯過了回到漢堡的火車，所以就在 Henry 祖父的幫忙下找到了 Marianne 的農場並且住了下來，成為（據我所知）最年輕的 WWOFer 囉！

Austin 是位剛從北京大學畢業的大學生，不知道為什麼，當我第一眼看到他的時候就覺得他是那種很認真的大學生，果不其然被我猜對了，他為了學中文去了北京大學念中文系，現在中文講得超好！雖然看不太懂繁體字但口語上的溝通是完全沒有問題的。另一方面，Austin 的出現對我們來說也是一大幫助，因為他不僅中文好，德文也講的超好，又因為他來自美國，所以直接精通三種語言。常常我有聽不懂的時候他都會幫我翻譯，超級感謝有他才讓我更順利的完成每一項工作。

51

不知道大家有沒有發現他們三個的手上都有一個很可愛的吊飾呢？那是當初來德國前準備好要送給WWOOFer 們的見面禮。那吊飾叫做「貴人」，意謂著希望那個吊飾可以帶來許多讓你遇到貴人的機會。是我媽媽自己做的哦！

鋤草

　　在德國，夏天的時候太陽公公通常在晚上十點過後才回家，也因為這樣，德國人通常都在八點過後才吃晚餐。一剛開始我不太習慣，常常在下午六點多的時候肚子就開始咕嚕嚕的叫了，幾天之後我的生理時鐘終於習慣了這樣的模式，肚子也就不再不是吃飯時間的時候喊餓了。

　　餵完羊回到家裡大約晚上八點初，大家聚在屋子裡享用晚餐，德國人在三餐裡最注重的只有午餐，所以晚餐方面不外乎是冷食，像麵包、沙拉、水果等。而超級喜歡奶油的我，在德國的日子裡也真讓我吃得夠多了，幾乎每天吃了至少 10 盒（像飯店那種小盒）的奶油！

Before

After

　　晚餐過後，老闆給我們第一天的最後一項工作—鋤草。

　　今天的鋤草工作老闆並沒有給我們鋤頭，我心裡想那應該很簡單吧…，但事實並不然。老闆耐心地教我們，告訴我們該拔的雜草是哪一些，深怕我們拔到不該拔的農作物。我們仔細地聽完老闆的教導後慢慢的拔，突然間我叫了一聲「阿」！我被一種充滿了刺的葉子刺到，而且這種葉子的數量多到不行，整個拔草過程中我被刺到不下十次啊！

　　拔完草沒多久就覺得腰痠背痛，真的是缺少歷練的肉雞啊！重點是還得站站蹲蹲，好像在做仰臥起坐一樣，而且腳還會很麻。後來我去廁所回來的途中發現一支鋤頭，我二話不說就把它拿來用囉！有了它之後，因為不需要在蹲下起立蹲下起立，這讓我精神大振，我從口袋裡拿出手機播放來自台灣的音樂，接下來的一個多小時都在愉悅的氣氛下度過，而我也沒有因此而怠惰，終於老闆交代給我們的範圍都處理完了，這讓我超有成就感的！！

　　這是我第一次親自下田鋤草，這我在台灣是完全沒有體驗過的。一剛開始雖然覺得很辛苦、很累，甚至連鋤個三分鐘休息五分鐘的想法都出來了！一方面還好後來有看到那支鋤頭，使我精力旺盛了起來，另一方面也是因為不想讓其他人覺得台灣的小孩很弱，才順利的完成了老闆交代給我們的工作。

是不是架式
十足呢？ :D

工作完的午後，我們在德國心情，晴 :D

後來老闆娘看大家告一段落了之後很貼心地拿了巧克力冰淇淋給大家吃，在辛苦之後得到的甜頭總是有一種很奇妙的感覺，一種嘴角會情不自禁上揚的感覺，多麼美妙啊！

（右圖）當然不是一個人這麼一大桶，是用這一桶去平分給大家吃啦！口感不輸 Häagen-Dazs 哦！

悠閒的午後

正常來說，每一位 WWOOFer 每天的工作時數為 4-6 小時，但我們在 Marianne 家的工作時數每天必定會超過 8 小時。雖然有時候會很累想要偷懶一下，好險的是不需要連續工作這麼長的時間，Marianne 偶爾也會帶大家到湖邊游泳、散步。

Marianne 總共帶我們來這裡三次，第一次我原本也打算和他們一起下去游泳，但是到了現場之後，我整個念頭就打消了。不是因為我沒有帶泳褲或是水深什麼的，遠遠看湖面是很漂亮，但一靠近看之後，水裡面有很多青苔，還有很多鴨子，感覺上就是極度不乾淨，我沒有辦法接受自己進入那種水域裡。雖然沒有游泳但還是有其他活動可以做，像我後來選擇做了半小時的日光浴，接著在附近走走繞繞，欣賞湖的另一邊的美景。

第二次到這座湖的時候，我大部分的時間都在拍美麗的湖景，還有和伙伴錄一些很 KUSO 的影片，這一次想要去湖邊那家餐廳喝個咖啡坐在那邊享受美好的陽光，誰知道竟然公休！我只好回到 Meeting Point 看著小孩子玩溜滑梯了。

第三次，是最後一次來這座湖，卻也是最驚悚的一次！至於驚悚的原因，這就說來話長了。

在台灣很少有這種機會能優閒地在馬路上，這也是我第一次躺在馬路上擺 POSE。

　　在來了這座湖兩次之後卻沒有環著這座湖走完它一圈的情況下，我決定一個人獨自環湖一圈，因為這座湖看起來不大，應該十五分鐘就可以走完。所以我也沒有多想什麼就開始了我的環湖使命。這座湖總共分成三個區域，分別為最淺的游泳區、較深的釣魚區以及最深的風帆區。

　　一剛開始我一樣往餐廳的方向出發，接著看到救護站、露營區，過了不久後我已經離開了游泳區，我遠遠看到了兩位有點年紀的伯伯把車停在湖岸旁的沙地上，從後車廂拿出了釣具，接著坐在湖岸上拋下了釣線，聊著天等待著大魚上鉤，這時候才讓我覺得釣魚是如此愜意。以前都覺得釣魚是一件非常浪費時間的事情，可能我比較沒有耐性吧！呵呵！

　　不久後離開了釣魚區之後又來到沒有半艘風帆的風帆區，原本以為到了這裡之後往左轉可以慢慢繞回去，但不妙的事情就從這裡發生了。正當我準備左轉的時候卻有一扇大鐵門擋在那並且掛著禁止通行的標誌，這該怎麼辦啊？從這邊往回走也要大約 25 分鐘，如果繼續走下去應該也不用再花多少時間吧？！所以我決定從另外一條岔路走去，誰知道這一走，讓我離湖愈來愈遠了，不只這樣，反而讓我看到另一座小湖。這時候我的心開始慌了，我愈走愈快，慢慢的，我的視線裡已經沒有那座大湖了…

悠閒的午后
時光~真愜意~

　　接下來將近半小時的路程，我幾乎都在慌張的情況下前進，而且天氣明明很涼我卻不斷冒汗，在遠離了那座湖之後，映入眼簾的竟然是一大片麥田！走著走著，沿路都沒有看到任何人，我開始著急著大家是否也在找我呢？

　　又二十分鐘過去，我終於看到了那熟悉的溜滑梯，這時候的心情真是輕鬆了起來，終於可以回到原本的出發地了。就在我快抵達原點的時候，Henry 和 Mitja 出現在我面前，他們剛要從反方向走過來，我趕緊問他們：「大家有沒有在找我？」他們很輕鬆的回答我：「沒有，呵呵！」這讓我又更放心了，此時我的心情也恢復了平靜，緩緩地走回去，其實其他人也才剛游完泳回到岸上而已。

　　這次的環湖總共花了將近1個小時才走完。經歷了這次的環湖加上心情的三溫暖之後，讓我體悟到目測不能代表一切，凡事不要太大意，尤其在人生地不熟的地方。

美食時刻，德國豬腳

　　在 Marianne 家，我們兩個從台灣來的 WWOOFer 常常都在廚房裡面幫忙做菜，所以每當聞到自己作完的食物香味四溢的時候，都會有一種成就感，讓整個心情都愉悅了起來。雖然說做菜的方式都是 Marianne 教我們的，但當我們親自下廚體驗的時候，那是一種參與感，很美妙的感覺。

　　西方料理在製作過程中通常比較繁瑣、比較費時，所以在前置作業中通常都會花上一至二小時，在 Marianne 家裡，我們通常都到下午一點才開始吃午餐。現在是時候來分享一下我在這家農場與美食的邂逅囉！

胡蘿蔔馬鈴薯起士魚片

　　我本身並不太挑食，對於異國傳統美食也不會排斥，只要不是一些怪怪的食物，例如蟑螂、螳螂之類的。德國料理似乎充滿著馬鈴薯及胡蘿蔔還有番茄，而這道菜就用了胡蘿蔔及馬鈴薯作為襯底，先將它們加溫到半熟之後再放入魚片以契合他們的味道。大概等魚片和其他配料都熟的差不多之後就可以放上起士條囉！由於 Marianne 的農場只有羊奶，所以只有羊奶起士可以用，不然通常我覺得牛奶起士做起來的味道會更好哦！最後撒上一些香料就大功告成囉!這道菜雖然有點繁瑣，可是它的香味與口感可是非常好的哦！

國外的美食時常會使用到起士，灑上滿滿起司絲就對啦！

食指大動之超大豬腿

這隻超級大豬腿出現的時間是在我到德國的第一個禮拜六，意即我已經期待已久了，到德國不吃當地出名的料理怎麼可以呢！不過我聽說其實德國人平常只吃香腸不吃豬腿，豬腿也是偶爾人多聚會才有吃的。一早九點多吃早餐的時候，Marianne 就從冷凍庫裡面拿出來將豬腿退冰，因為它真的太厚實了，所以必須提早兩個小時拿出來退冰才能夠料理。這道菜在烹煮的過程我並沒有參與到，因為當時我正在後花園鋤草。當我回來的時候，我已經看到 Frédéric 在幫它切片了。

超美味豬腳~
我切~

水煮花椰菜佐奶油

　　這道菜是我在 Marianne 家學到最簡單的料理。雖然簡單，但還是有很多技巧存在。譬如比較需要注意的就是花椰菜的軟硬度，假如花椰菜不夠軟或是太軟就不好吃了。烹煮的步驟大約三項，一剛開始先將花椰菜放到鍋子裡，接著將水倒入鍋內直到淹沒花椰菜。等到水滾後大約十分鐘就可以起鍋囉！最後將花椰菜都瀝乾了之後在淋上融化過的奶油就大功告成囉！（上圖的水煮花椰菜佐奶油是我在家裡自己模仿重作的，因為當時相機電池沒電了）

甜點登場

　　歐洲人最注重的當然是餐後甜點，所以每一餐結束後，Marianne 都會做一道甜點給大家吃，水果沙拉也好，水果蛋糕也好，總而言之最後一定要吃完甜點才算完成這一餐。甜點的部分我只有幫忙前置作業的部分，就是攪麵糰、削水果皮，其中讓我覺得最特別的是，不管是否要做成料理，他們都會拿工具先將櫻桃的種子挖出來，這在台灣我是從來沒有做過的，後來回台灣本來想要買一支回家用，可是想說吃個東西應該不用這麼費工夫就放棄了這個想法了。

吃甜點囉~
水果千層蛋
糕~

61

水果千層蛋糕

　　雖然我只有參與水果蛋糕一點點的製作過程，但我有全程在旁邊觀看它的製作方式。Marianne 先將我攪好的麵糰攪和少許的水之後將它們壓成圓扁狀，大約壓成六塊左右，接著將每一塊分開放到平底鍋裡將它們加熱至熟了之後，在每一層中間放入桑葚、去籽櫻桃，再來淋上大量的奶油，最後在上面放上水蜜桃。不過因為水蜜桃後來真的切得有點過多，當然那些水蜜桃又不能說就這樣把它們丟掉，所以就變成另外一道甜點囉！

來了就請刻上「到此一遊」

到此一遊~我的大名！！

　　有一天鋤草到一半的時候，Marianne 來把我叫走，她說來這邊的 WWOOFer 都要做一個屬於自己的拱型紀念碑。我看了看之前來這邊的人做的紀念碑，赫然發現只有 2011 年的，我以為每年他們都會把所有紀念碑都敲掉，後來 Marianne 告訴我們，它們的農場從今年才開始加入 WWOOF 組織，換句話說，今年是第一年有 WWOOFer 來這裡幫忙、體驗農場志工。接著她一個一個告訴我那些紀念碑的主人來自哪裡，有一個還是今年五月來台灣的女生呢！介紹完之後她請 Frédéric 教我要怎麼做拱型紀念碑。一剛開始先拿一片較大的碎屋瓦當底支撐，接著在上面疊上大量的水泥，這個過程非常困難，因為水泥不是會滑掉就是疊不高，所以必須等它比較乾了之後才可以放上第二層的屋瓦，然後重複一樣的動作，大約放了三層左右差不多，最後一層用較小片的碎屋瓦作出圓弧形，疊上水泥之後等待大約十五分鐘就可以拿細螺絲當成筆在上面刻上自己的名字囉！不過假如一筆一畫的在水泥上用寫的，水泥會把寫的痕跡給塞住，所以必須用戳的，慢慢戳完自己的名字。戳完之後再拿些小石頭當作裝飾就完成了。

起士做完記得天天洗

　　有一樣令我又喜歡又討厭的工作，那就是做起士。為什麼會這麼說呢？我喜歡吃起士，所以我想了解它的製作過程，也想親手體驗看看還沒完成的起士摸起來感覺如何。但相對的，起士需要一個很乾淨的工作空間，才能保持它的新鮮度，也因為這樣，窗戶通常要關上，才不會讓沙塵跑進來，在裡面的時候也不能把門開著，使得這裡面的味道好臭，都是濃濃的羊騷味。

親手做起司~
拿到市集賣囉！

　　不過話說回來，做起士還真是有趣啊！至於上方那張圖，已經是在做後續保養的動作了，為了避免讓起士發黑，每天都必須花時間洗一到兩次的起士。其實所謂的洗，也不是把整塊起士拿去流理台沖一沖洗一洗，而是拿一個小鍋子，在裡面裝水然後加一些鹽，接著用手將處理好的鹽水輕抹在起士的雙面，尤其是特別要注意有點黑黑的地方要想辦法將它處理掉，才不會使它繼續黑下去。Marianne 好像覺得我做的不錯，所以後來每天都是我在處理起士，每天都要去幫它們清洗一下，確保它們不會受到汙染，這樣才安心。

　　不過這麼多的起士，你們一定會覺得哪有可能吃的完啊！沒錯，的確是吃不完，所以等到已經可以食用的起士，就會準備被切成一小塊一小塊，然後經過簡單的包裝之後，貼上自家標籤就可以拿去市集賣囉！

為市集做準備

　　Marianne 在 Kulmbach 啤酒小鎮的傳統市集有租一個攤位，每個禮拜三、六都必須到那邊賣麵包、有機蔬果、乳製品等。所以每週三、六一大早我們廚房組的 WWOOFer 一大早就必須爬起來準備早上九點要出發去市集的東西囉！有機蔬果和乳製品原則上只要打包放入車子裡就可以了，最主要是那些現烤的麵包。

　　他們賣的麵包有很多種，大部分都是冷凍的麵包，只要先拿出來稍微退冰之後就直接拿去烤爐裡面烤了。只有其中一種要自己揉麵團，揉成稍微方方的形狀之後，上面塗上蛋液，接著兩面都滾上五穀雜糧，放在烤盤上，等都弄好了再一起拿到烤爐去烤，大約十分鐘就可以了。不過因為我們技術不是很好，所以常常有烤焦的時候，烤焦的麵包怎麼處理呢？把焦掉的部分用奶油刀刮掉，然後當作大家的早餐囉！

　　當然，顧攤位的時候不需要太多人，所以通常都只有 Frédéric 和老闆一起去，Marianne 偶爾會跟去看一下，其他人就在家裡自己做自己的事，通常我都會在附近的小路上逛一逛，不然就跟他們家養的貓咪玩。

好香喔~

上圖是我前面提過的那台看起來快解體的車子，站在車子旁的就是 Marianne 的丈夫 Floria。

下左圖是 Kulmbach 的市集廣場，照片裡 Marianne 正在擺設他們的攤位。

開賣囉！
Kulmbach 市集好熱鬧！

放假何處去？

　　通常 WWOOFer 在星期日的時候都是不用工作的，所以大家會利用這天相約一起做一些好玩有趣的事情，例如我們在 Marianne 家的第二個星期日的下午，我們吃飽後就一起在後面的草坪上打美式足球。由於當時的天氣涼涼的，所以打起來非常舒服。

　　Samuel 很貼心的教大家遊戲規則，而我這一生第一次打美式足球竟然是在德國，我還打得滿開心的，也打得挺順利的，我們打了將近兩個小時才結束。

　　後來我們相約要一起去 Kulmbach 啤酒小鎮參觀、走一走，我們知道在歐洲大部分國家星期日除了餐廳以外，所有大部分的商店都是打烊的，所以我們在得到Marianne 的同意之後，將第三個星期四的工作挪到星期日，然後就跑出去玩啦！（只是萬萬沒有想到，這天剛好是宗教性質的節日，商店依然全部打烊）

　　我們坐火車到了 Kulmbach 之後，發現所有店家還是沒有營業，一問之下才知道，原來今天是天主教的節日，所以和星期日沒有兩樣。我們只好去那種不會打烊的觀光景點。Kulmbach 最有名的除了它的啤酒產業以外，還有一座古堡，從火車站望向城堡感覺非常遙遠，實際上走了大約二十分鐘就抵達了。

Kulmbach 鎮上的啤酒博物館

　　到了城堡的瞭望台，往下一望，天吶！！！好漂亮的景色啊！而且這裡的房子看起來好像在童話故事裡面才會出現的場景，而我就身處於童話故事裡。下了城堡之後，我們在街道裡悠閒地逛著，雖然商店都沒有營業，但沿途看看風景也不錯。逛著逛著，我想到之前在網路上有看到 Kulmbach 有一個啤酒博物館，於是我問了大家有沒有意願去看看啤酒博物館，大家都沒有什麼意見，就想說也是到處走走。在前往啤酒博物館的途中，我們還一度迷路，還好有好心的路人告訴我們該如何前往。抵達之後，大家看到啤酒博物館參觀還要不少的門票費，所以後來決定在它外面的廣場點杯啤酒和小點，一起坐在那裏談天說地，這樣的心情真令人愉悅呢！

　　到了下午要回去的時候，大家在討論要坐火車回去還是走路回去，因為火車單趟票並不便宜，而且到了 Mainleus 之後也是要走一段路才能回到農場，最後大家決定直接從 Kulmbach 走路回去。回程的途中，最後一次欣賞童話故事般的街道和一些特別的建築物，最讓我印象深刻的是那一整排的煉酒廠，我看到這個景象的第一個想法就是：「好像 Inception（全面啟動）裡面的場景。」四十分鐘過後，回到在德國的第一個棲身之地，走了一天的路，終於可以睡一覺補個好眠了。

71

走了一天、真充實~

Brauerei-Museum

Mönchshof Bräuhaus

Die 3

最後一晚—Let's have a party！

在 Marianne 家的最後一個晚上，Frédéric 和 Samuel 很好心的買了兩箱酒，準備為我們幾個要在隔天離開的 WWOOFer 辦一個 Party。由於他們兩個都是睡在穀倉樓上，所以即使晚上很晚的時候，我們在那邊放音樂、唱歌聊天也不至於吵到正在睡覺的 Marianne 和她丈夫。

他們不只買了啤酒，還買了伏特加、威士忌準備要拿來調酒，所以還有從農場的倉庫裡拿出來的水果。他們調了一杯酒精濃度非常濃的伏特加水果調酒給我，雖然已經加了很多的水，我還是喝不習慣，因為在台灣從來沒有喝過。但最後在大家的要求下，我還是索性把那一杯給喝完，喝完之後我又接著喝了兩杯冰水，不然對我來說真的太烈了。

後來我們玩了幾樣啤酒遊戲，其中一個規則是不能用慣用的那隻手握酒瓶，這個規定的由來是因為如果使用慣用的那隻手握酒瓶，當需要和對方握手的時候比較沒有禮貌，因為手會冰冰的讓對方覺得你不尊重他。另一個規則就是開瓶前要喊：「Buffalo！」這項規則就純粹是為了啤酒遊戲而發明的。如果不小心觸犯到其中一項，就要一次把整罐酒喝完，而我，觸犯了一次，當我從穀倉走回房間的時候，我終於體會到，原來喝完酒之後真的會失去平衡感。

Buffalo！

沒有掉淚的快樂離別

　　原本預計在 7/3 離開 Marianne 家,但後來因為坐火車前往斯圖加特需要四個小時,而且必須到紐倫堡換車,我們決定提前兩天離開前往紐倫堡看一看,也等於提早到紐倫堡等轉車。

　　早上用完早餐之後,大家又聊了一下天,Marianne 因為急著要去餵羊,所以我們並沒有說再見,不過我們在離別之際拍了幾張留念的照片,也和每位 WWOOFer 交換自己 FACEBOOK 的帳號,以便以後還可以繼續聯絡。

　　照片中的人分別是 Mitja、Henry、我、Floria 和我們要離開的那天早上到達的一位 WWOOFer 還有侑霖。那位剛來的 WWOOFer 來自英國,是一位英文老師,我覺得他長得很帥就是了!雖然沒有相處過,不過他還是和我們拍了一張照片。

　　離別的這一天,我並沒有落下男兒淚(哈哈!),在和大家做過最後一次道別之後,Floria 載我、侑霖、Mitja 以及 Henry 到 Kulmbach 的火車站去坐車,和 Floria 說聲再見之後,我們便走向月台候車。Mitja 和 Henry 準備回去漢堡,他們告訴我總共要轉 5 次車,而且從當時的早上 9 點搭車,要到晚上 7 點才會抵達漢堡,真是辛苦他們了!而我們只要換兩次車,兩個小時過後就可以抵達紐倫堡了,展開來德國的第一趟旅行。

CHAPTER THREE

中場休息

Hostel~

紐倫堡 Nürnberg

- -

斯圖加特 Stuttgart

前往小城鎮逛街&青年旅社初體驗

　　在德國，如果不介意和別人同房，亦不介意和異性住在一起（如果覺得不自在，女生可以訂 Female room），其實青年旅舍是很好的選擇，它的價位大概都在每晚台幣一千以下，而且大部分的旅館住起來都很舒服，不會說很髒亂，最重要的是它有訪客廚房可以使用，這可以為你省下很多餐費。

The day I lived in Nürnberg.

紐倫堡 Nürnberg

坐了兩個多小時的火車，我終於抵達著名的中世紀古城--紐倫堡。

當初沒有將紐倫堡排進去我的旅遊計畫表裡面，不過計劃趕不上變化，我還是來到了這個從來沒有來過的城市，這個城市其實不大，主要的旅遊景點都集中在舊城區裡面，所以大約一天半至兩天的時間就可以逛完了。有一間博物館使我映象深刻也讓我非常推薦的那就是 DB 博物館啦！

2011.07.01

The day I lived in Nürnberg.

A&O Nürnberg :
90402 Nürnberg
Bahnhofstraße 13-15
Phone: +49 (0)911 - 30 91 68 - 44 00
website: http://goo.gl/NkHjk

1.兩列翻修過的蒸汽火車，可以看到火車最底部的構造哦！從中間走過去有一種很奇妙的感覺。 2.我在特展的展覽場裡面看到了讓我感動的打字機。 3.DB ICE 駕駛座內部展示。

中世紀古城~紐倫堡

不管你是不是鐵道迷，來到了紐倫堡就一定要參觀一下這間德國鐵路博物館，裡面不只介紹了從二戰以前一直到現今的火車歷史，包括當時列車長、服務員的服裝等等。館內四樓不定時都會有特展可以參觀，像我們這次去的時候剛好有展覽中國的文字藝術，德國郵局介紹展還有通訊展等等，非常值得一看。

紐倫堡幾條主街是購物的好所在（上圖），巷弄則是古城巡禮的好選擇喔（左圖）！

come on~

80

青年旅舍第一夜 First night stay in Hostel

　　在德國，如果不介意和別人同房，亦不介意和異性住在一起（如果覺得不自在，女生可以訂 Female room），其實青年旅舍是很好的選擇，它的價位大概都在每晚台幣一千以下，而且大部分的旅館住起來都很舒服，不會說很髒亂，最重要的是它有訪客廚房可以使用，這可以為你省下很多餐費。因為房間滿了，我們在紐倫堡兩天住了兩間不同的青年旅舍。第一間叫做 A&O hostel，環境非常乾淨，裝潢很鮮明，而且有電梯，讓我付了少少的錢就有住在飯店的感覺。我們住的是六人房，一個床位才 14 歐元加早餐 4 歐元吃到飽，真的非常划算。

A&O Nürnberg Hauptbahnhof

Bahnhofstraße 13-15
D-90402 Nuremberg
Phone:+49 (0)911 - 30 91 68 - 44 00
website:www.aohostels.com/en/nuremberg/

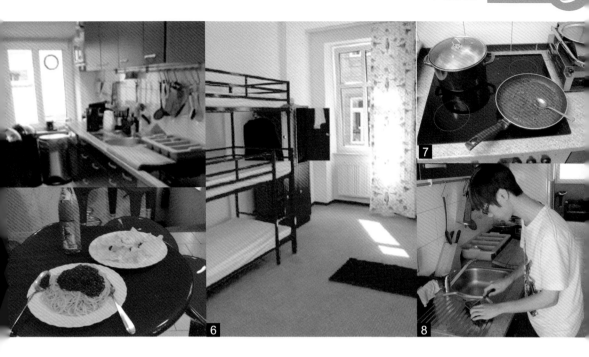

　　第二間叫做 city hostel，這間比較舊，所以沒有電梯，這對像我這種提著 23 公斤行李的人來說還真有點麻煩，不過老闆很親切，而且也有訪客廚房，我想再說一次，訪客廚房在德國真的可以為你省下很多錢，因為不只在德國，歐洲大部分國家的餐廳的價位都非常的高。像我當時就去超市買了一包義大利麵和番茄肉醬，這讓我吃的超級撐！後來還把沒有煮的義大利麵送給其他房客結緣了！

　　圖 1~3 A&O hostel，4~8 city hostel，8. 開始運用在農場學習的一手好廚藝。 7. 義大利麵和番茄肉醬要分開烹煮，等麵熟了之後將麵條都倒入瀝水器，等瀝乾之後再將肉醬倒入。5.在經過一番的加工之後，美味可口的義大利麵完成！另外那盤生菜沙拉是我用義大利麵跟別人換來的，哈哈！

| City-Hostel-Nuernberg
 | **Nürnberg city hostel**

Klaragasse 12
90402 Nürnberg
Phone: +49 (0)911-80192146
website:www.city-hostel-nuernberg.de/grobritannien-uk/index.html |

The day I lived in Stuttgart.

斯圖加特 Stuttgart

　　抵達斯圖加特之後，提著我那厚重的行李竟然在出了地鐵站的人行徒步區失去了往飯店的方向，我的手上拿著行程計畫表還有飯店的地址和列印下來的 Google Maps，搜尋著每一位和我們擦身而過的行人，最後我選定了一對看起來和藹可親的老夫婦，向前去問他們我們該怎麼走。那對老夫婦雖然不太會說英文，但也不至於聽不懂，加上看著我手上的地圖和地址之後，他們當然就了解我的含意。

2011.07.03

The day I lived in Stuttgart.

Inter-Hostel Stuttgart:
70178 Stuttgart
Paulinenstraße 16
Phone: +49 0 711 - 169 173 208
Fax: 0711 / 66 48 27 98
website: http://goo.gl/GJspd

panamera museum

接著他們討論了一下下之後便開始告訴我該怎麼走，在哪個路口轉彎之類的。講完之後又跟我說：「You come with us！」真的是非常的貼心又親切！

在感謝一番，分別了以後，我又提著我厚重的行李走著不算太陡的樓梯到飯店的大廳。簡單地辦完 CHECK-IN，跟飯店買了保時捷博物館的學生票，到房間放完行李就出發回到地鐵站前往保時捷博物館啦！

不管你是不是汽車迷，保時捷博物館都是一個非常值得推薦的景點。在斯圖加特除了保時捷博物館之外還有賓士博物館，但這次的時間不夠讓我有些許遺憾。博物館內展出從保時捷最早出產的汽車和在賽車場裡比賽用的跑車，到近一、兩年在台灣路上都看的到的休旅車都有。另外還展出搭載在包括奧迪、賓士等知名車款的引擎，甚至是飛機螺旋槳的引擎保時捷都有做過。

另外它還有三個小小的體驗區，讓你感受一下保時捷汽車的引擎聲，讓你彷彿置身在車內一樣的感受，可以說是過個乾癮啦！

　　斯圖加特的居民其實非常注重生活品質和休閒娛樂，所以有非常多的景點可以逛逛，而且幾乎所有景點都可以搭乘地鐵到達。這次雖然待在斯圖加特的時間並不算長，但我已經將許許多多必去的景點都跑了一遍，希望下次還有機會來到這裡的時候再將其餘還沒納入我腳底下的土地都把它踩了一遍。

　　離開了博物館，我又搭著地鐵來到了赫赫有名的 Bad Cannstatt。在德文裡，Bad 不代表"差"的意思，而是"浴"的意思。Bad Cannstatt 就是著名的礦泉浴出產地，當初在台灣做前置作業的時候我有看到這個景點，所以我趕緊將它納入我的行程裡，好讓自己體驗在類似溫泉的水裡游泳的感覺，而且這種第一次的經驗還是在國外。就在這一切美好的期待當中，我讓自己撲了個空。雖然是礦泉浴，但並不是像溫泉的那種感覺喔！另外在岸上有飲水機可以飲用"礦泉水"，我嘗試性的喝了一口之後就不敢喝了，因為味道裡充滿了金屬……

　　（右上）游完泳之後可以在對面的小公園散步，坐在草地上享受那種悠閒的感覺。（右圖）晚餐在火車站買的夏威夷比薩，吃到撐僅花我 4 歐元。

　　天很亮的晚上七、八點，我回到了曾讓我迷路的人行徒步區，因為是假日的關係，所有的店除了餐廳以外，都只能站在店門口看著那沒有生命的櫥窗模特兒或是一些小物，我就這樣一條一條的走著，累了就坐在椅子上休息。

　　最後我在往飯店的途中發現了一家令我極為興奮的店。我遠遠的就看到了招牌上大大的四個字"珍珠奶茶"，我心想：我可以名正言順的用中文在這裡點飲料喝了！

　　我走到店裡，雖然想是這麼想，看了看店員也是亞洲面孔，不過就是怕有萬一所以我還是用英文點。事實證明我實際的作法比心裡想的還要正確許多，其實開這家店的人是越南人，兩年前他曾到台灣和師傅學習道地的珍珠奶茶，後來來德國這邊取得工作證之後便開始販賣珍珠奶茶系列飲品，包括飲料店常有的紅茶、綠茶等。每一杯的容量和在台灣買的一樣是 700C.C，上面的飲料杯膜也是來自台灣，從照片裡看還以為我只是在台灣買一杯飲料而已呢!雖然從外觀或是喝起來都有來自台灣的味道，但價格卻沒有這麼平易近人，反而和知名的春X堂一樣的不便宜，一杯要價 3.5 歐元（約台幣140元）。

　　買完之後，我開開心心的走回飯店，到大廳時，我想說先去櫃檯問一下早餐是幾點開始，不過當時櫃台只有一位正在和客人對話的服務人員，我坐在高腳椅上等了一下，後來我的手不小心鬆開了，那杯珍珠奶茶就在我面前掉在地上，眼睜睜的看著只被我喝兩口的 140 元掉在地上，心痛！！清理完之後我又回到那間店買了一杯珍珠奶綠，這次我小心翼翼的把它放在安全的地方，把它全部喝完了…

最上方三張照片是
Stuttgart 的 Esslingen 的
風景，我把其中較有特色
的部分擺上來，像左上方
那張圖令我印象非常深
刻，非常有創意巧思，其
餘幾張有點莊園的感覺，
非常美麗。

Stuttgart 的 Ludwigsburg，同樣也是一個風景非常優美的衛星小鎮。原本只是打算來這邊到處走走晃晃拍拍照，後來誤打誤撞參觀了路得維希堡，聽著德語導覽還真是有趣的一個經驗呢！右圖則是路德維希堡內部的一景。

87

CHAPTER FOUR

running~

I come, Singen！！

美麗的 Konstanz

小鎮一年一度的慶典活動

牛羊兒別跑啊！

馬兒也需要溫暖的家，拆掉舊圍欄，把馬廄的圍欄翻新！

　　Rosa 家的農場養了十匹馬，其中有兩匹馬是他們最常帶出去的馬，有時候讓牠們拖著馬車帶我們到處看看，有時候讓牠們參加村莊裡重要的比賽。

　　養馬最重要的當然要餵牠們喝水、吃稻草（飼料），還要幫牠們建立一個乾淨的家。想當然耳，我們必須每天清理牠們的糞便。

Farm 12: Ponde Rosa

這是我在德國的第二家農場 Ponde Rosa, 位於離斯圖加特兩個小時車程的 Singen 小鎮。

2011.07.05

The day I lived in Singen.

Farm 12:
Ponde Rosa

Peter und Rosa Nägele
78224 Singen-Friedingen
Im Zinken 12
Phone: 07731/47206
Email: Fuhrhalterei@web.de
website: www.Fuhrhalterei-Naegele.de

工作內容: 餵羊、餵牛、餵馬、整修房子、整理稻草、清理馬場、摘蘋果
動 物: 綿羊、牛、馬、狗
工作時數: 4-6 小時/ 天
推薦指數: 95/100

I come, Singen！！

　　到了離斯圖加特兩個小時車程的 Singen（hohentweil），原本以為又是個很小的小鎮，但我錯了，雖然鎮小，但卻像城市一樣有著不少的商店。原定計畫中，農場主人請我們直接搭公車去他們家，但因為公車一小時只有一班加上我對這邊完全不熟，要是坐錯方向又一個人提著 23 公斤的行李，這會讓我當場落下男兒淚吧！所以我問了問站務員從火車站到農場大約多遠（我有拿地址給他看）他說大約五公里左右，所以我們決定搭乘計程車前往農場。

　　計程車司機人真不錯，因為農場門牌是 12 但當我們抵達的時候卻有 12 和 12a 兩個門牌，計程車司機很好心的幫我們仔細看了看之後還按門鈴幫我確認是否是我們要去的那個農場主人家。德國人真的沒有認知中的這麼排華，而且還很好心呢！

　　不久，下來接待我們的那位大約 60 歲左右的女士不是平常和我傳 e-mail 的那個人，而是她（Antonia）的媽媽－Rosa。我們打聲招呼後就進屋子裡了。一進大門映入眼簾的就是一隻浣熊的標本，好酷！Rosa 請我們先把行李放在一樓然後到三樓吃午餐，到了三樓我看到了他們三代六口和一位來自法國的 WWOOFer，她叫做 Coline，跟我一樣 18 歲，但卻看起來有點老氣，呵呵。

　　這裡的午餐不需要自己煮，Rosa 每天都會煮好給大家吃，剛到的這天午餐還真豐盛美味阿！有飯、德式麵條、豬肉配蘑菇，不過不知道為什麼，我就是不太餓，所以只吃了一盤就飽了，Rosa 好像有點傻眼，可能想說我的食量怎麼這麼小吧！飯後 Rosa 告訴我，在這裡只要看到的食物、甜點或飲料都可以直接吃、直接喝，不需要再詢問，真感謝呀！接著她向我們介紹所有房間還有他們對房子整修的計畫（在二樓重建一個大廚房）還有洗衣機的用法，之後就幫我們準備床單被套那些東西。

　　第一天下午兩點，Rosa 帶我們和 Coline 先到離家不遠的農地去清理馬糞然後餵馬喝水，這裡的馬其實很乖巧，有一隻馬竟然對稻草過敏（稻草不就是牠的食物嗎？），只要吸到稻草的粉塵就會不停地咳嗽，真是一件有趣的事情。

　　後來我們來到了一片陌生的大草原，Rosa 交代給我們的任務就是將前兩天被暴風雨吹散的稻草堆再度讓它恢復成稻草堆的樣子，好讓農具機可以順利的將它們捆起來，然後搬運回去儲藏起來，等到必要的時候再拿出來給馬兒吃。這段工作的過程雖然有點累，因為腰必須不斷地在彎曲與打直之間重複，但完成之後會發現其實很有成就感。就像掃地一樣，從一面看起來非常髒的地板到變成光鮮亮麗的樣子時，一切都變得非常美妙。

　　我以為只花了一個小時就完成了這段工作，沒想到做完已經五點多了，這時候 Rosa 告訴我們：「今天的工作就到這裡結束囉！謝謝你們！晚上你們就沒事了，可以騎騎腳踏車或是去附近逛逛。」

　　我說聲謝謝之後就回到房間裡面睡了一下，因為當天一早就坐了許久的火車，又剛工作完，根本沒有力氣再去其他地方看看，後來洗完澡之後，我從冰箱裡拿出幾片火腿，吃了兩片吐司之後就去睡了。

　　第二天早上八點半起床，按照在 Marianne 家的慣例，這時候就是應該刷牙洗臉等待九點上工，但今天早上直到吃完早餐後卻一直看不到除了我們三個 WWOOFer 以外的人影。這時候一直待在房間也很無聊，所以我去找 Coline 聊天，沒想到她正在抽菸！雖然我不太喜歡煙味，但在歐洲到處都在抽菸，我也有些習慣了。我打聲招呼之後便開啓話匣子了。我們聊到了香菸，我告訴她在台灣一包香菸只要一至二塊歐元，她聽到的時候露出非常吃驚的表情，並且很驚訝的告訴我：Wow！It is unbelievable！因為在歐洲大部分國家隨便一包菸都要五歐以上，所以他們都喜歡DIY，就是自己買一包菸草、紙、濾嘴，她告訴我這樣買一買不用五歐而且可以用很久，這也讓我覺得很酷！

接著我們聊到學校、旅遊等，讓我印象深刻的就是她之前跟家人一起到韓國玩，無意間發現有一隻狗只剩下一隻眼睛，這對她來說沒有什麼，可能只是先天的疾病罷了。但當她了解到原來韓國人吃狗肉而且還有狗肉節的時候，她崩潰了！她心裡想著：這是怎麼一回事阿！所以我告訴她，下次來亞洲請來台灣，這裡一切都很美好！至少比韓國好多了！

中午 Coline 幫忙 Rosa 準備午餐，而我和侑霖到二樓的舊廚房的木製樑柱上拔了幾根釘子之後就被帶走了。我和 Rosa 的老公 Peter 來到了養牛的地方，不是要餵牛吃東西，而是要幫牠們換水。我們用拖板車將一大箱的水帶到這邊，加上浴缸和浮標之後就成為半自動給水裝置，我們只需要將水丟在這裡就可以讓七隻牛喝個兩三天了吧！

（左圖）要送去給牛喝的大水箱
（下圖）正等著水喝的牛兒

94

（上圖）準備被我敲掉的牆壁和倔強的釘子們，（右1）一卡車的碎石子和碎牆面，（右2）花了三個多小時敲完的牆面。

敲磚打牆，一定要戴手套及口罩！

　　整理稻草後的第二項工作就是要將二樓原本屬於舊廚房的那塊區域之隔牆全部打掉，總共有兩面牆，一面高一面矮。矮的那一面我們很快就把它全部敲掉了，但真正困難的正是高的那一面，Rosa 交代我們，水泥、磚塊全部打掉，但木樁要留下來，所以這又使的工作更加艱鉅。我先從比較鬆軟的磚塊開始慢慢地敲，一塊一塊的磚塊就這樣掉下來。接著換那一些很堅固的水泥，我敲了許久卻還是只有一點點的動靜，而且還因為沒有對準牆壁，差一點就直接往自己的腿敲下去了。我們總共敲了將近 3 個小時才把整面牆壁解決，放下榔頭之後就發現手掌起水泡了。只能說在台灣真的都沒有做過這麼粗重的工作，來這邊真的是給自己一個很大的訓練。

美麗的 Konstanz

Konstanz 是一個未受二戰波及的百年歷史小鎮，而這個地方最有名的就是有流經這裡的 BODENSEE。它是一個完全天然的湖泊，位於德瑞奧三國交界處，湖岸線總長大約兩百公里，已經是將近台灣的一半長了，而總面積也達到 536 平方公里。所以當你從這一方眺望遠方的湖岸時，會覺得看到的是海岸線呢！

　　在碼頭上欣賞完這片湖景之後,我前往它的主要大街逛逛。沿途的店面與其他大城市大同小異,其中有兩座教堂,一座比較小的在我的左方,另一座比較大的在不遠的正前方,我先進去較小的教堂參觀,裡面真的非常宏偉莊嚴,每次進到教堂裡面總給我一種很和諧、溫馨的感覺。我仔細的看著每一幅壁畫、天花板的畫作還有所有雕像,不知道為什麼我在看完有關耶穌基督的壁畫時,心裡頭卻突然湧現出想哭的感覺,也許是我感應到祂了也說不定。

　　離開第一座教堂之後來到了第二座教堂,這座教堂給人的感覺就沒有這麼沮喪了。這座教堂似乎比較偏向參觀性質的教堂,裡面有非常多的觀光客,有些地方也還在整修。教堂裡,在耶穌、聖母瑪莉亞和一位我不太清楚的雕像前擺著很多蠟燭,有點類似台灣的光明燈讓人們自己點,一支蠟燭 0.5 歐元。

make a wish~

　　走了一個早上肚子也餓了，邊走邊看，邊看邊走，一家非常多客人在用餐，分量看起來很多的餐廳，我坐了下來，跟服務員要了菜單之後，他拿來德文的菜單，經過我的詢問之後確定沒有英文版的菜單，所以直接翻到寫著 PASTA 的那頁，然後請服務人員用英文跟我說明一下每一道 PASTA 的描述，幸好服務人員會說英文，否則這一餐我可能就要賭上一把，隨便亂點囉!聽完他的解說之後，我決定吃一客要價七歐元的培根白醬義大利麵。

my lunch~
pasta~

BODENSEE

百貨公司裡地面的彩繪，讓遊客清楚知道 Bodensee 到底有多大。

　　點完餐之後發生了一個小插曲，一位服務生意外地送來一杯特大杯的啤酒，我一剛開始以為這是贈送的，後來想到剛剛在菜單上也有看到啤酒的價目。這時候我趕緊向那位服務生說我沒有點啤酒，不過這一位服務生的英文似乎不太好，她聽不太懂我在講什麼。旁邊一位正在吃飯的老太太看到這一幕，好心的用德文跟服務生說明我沒有點啤酒，那是送錯的。終於那位服務生了解我的意思了，她點了點頭微笑地把啤酒拿走，最後我趕緊向那位好心的老太太道謝，如果沒有她，我不只要把那一大杯啤酒喝完，還得付一筆啤酒的費用呢！

午餐結束後我到了當地一家叫做LAGO 的百貨公司逛了逛，出來之後又到了大街上的一家樂透店買了一張刮刮樂，當初沒有抱著太大的期望會中大獎之類的，只有想說如果沒有中獎就帶回家當作紀念囉！事實證明，我也只能把它帶回家作紀念了:)

憋住，不要呼吸！「慢慢」完成！

　　Rosa 家的農場養了十匹馬，其中有兩匹馬是牠們最常帶出去的馬，有時候讓牠們拖著馬車帶我們到處看看，有時候讓牠們參加村莊裡重要的比賽。

　　養馬最重要的當然要餵牠們喝水、吃稻草（飼料），還要幫牠們建立一個乾淨的家。想當然耳，我們必須每天清理牠們的糞便。拿著鏟子及鐵耙，加上一台農用小推車在旁邊，努力地把所有馬糞集中之後，再將它們全部鏟起來倒入推車裡面。看到這裡，你應該覺得也沒有想像中的噁心嘛！的確，到目前為止都還算非常的簡單，也不會有任何的惡臭味（應該說不會臭到想吐）散發出來，直到最後一個動作--把馬糞倒入卡車裡面。

　　想必大家都有看到左邊的圖吧！我們最後必須把推車裡的馬糞推上這台卡車上面，光是看到滿車的馬糞我都想吐了，再加上偶爾前一天晚上下的雨，你隱隱約約會看到馬糞堆冒著發酵的煙，那惡臭味自然會撲鼻而來。每當我要把推車推上去時，我必須先吸一大口氣，接著停止呼吸，而且推上去時必須小心翼翼、非常緩慢，否則一不小心推偏了，就等著栽在馬糞堆中了，那後果一定不堪設想阿！

　　有一次清理馬糞的時候剛好正在下雨，我們穿著雨衣在馬場裡面繼續著清理馬糞的工作，因為我的鞋子比較沒有防滑，我在推著推車正在"前往"卡車上面的路途時，一個使力，我往後滑了兩步，這時我的心臟都快停了！我真的沒有辦法想像掉進去的後果。還好後來安然無恙地完成了這份工作的最後一個步驟。

哇！這也太驚人了！

　　這一天 Antonia 要帶我們坐馬車去附近還有小山丘繞一繞，馬車放在一棟較小的鐵皮屋裡面，而它的旁邊正有著較大的鐵皮屋，當我好奇著裡面到底是放著那些東西時，Peter 剛好走過來，因為他要出去工作了。Peter 將鐵皮屋的大門打開，接著映入眼簾的就是好幾十捆的稻草堆已經堆疊到了屋頂，還有三、四台巨大的農具機，有的農具機我從來沒有看過，我不知道它們的功用是什麼，所以這時候我很好奇地問了 Peter 每一台農具機的功能和用途，他也很有耐心的一一告訴我，而且當他說完一台農具機的功用之後都會確定我是否聽懂他說的，因為他的英文也沒有很好，我點點頭說我聽得懂，他才會繼續介紹下一台。

　　接著我問他為什麼要先把稻草堆都先捆起來，而不要等到沒有稻草可以給馬吃的時候再去捆就好，他說把稻草捆起來是必然需要的，萬一到時候天氣不佳，像是有暴風雨之類的話，那麼馬兒就會沒有東西可以吃了。我再度點點頭，這時候我心滿意足，因為我又學習到了很多知識。

　　這時候 Antonia 也已經將馬車和馬兒連結好了，我們上了馬車，出發要前往山丘的方向去兜風囉！在這種鄉間小路，坐在馬車上面吹著涼涼的風，聽著稻草及樹葉沙沙的聲音，那種感覺真是詩情畫意啊！

又到了鋤草時分

　　在這邊鋤草的感覺和在 Marianne 家除草的感覺可以說是截然不同。不知道為什麼，在這邊鋤草時並不會感到腰痠背痛，而且工作起來也比較舒服。

　　Rosa 交代給我們的任務就是將那草地上的所有雜草通通斬草除根，不是怕它們吸收其他作物的養分（因為這片草地上沒有作物），而是影響美觀。

　　同樣地，Rosa 告訴我們那些植物的性質屬於雜草，她甚至親自摘了幾株下來給我們看，就怕我們出了差錯將不該剷除的也都一併剷除了。我們幾個開始努力的鏟，每當推車滿了之後就要將那些雜草推到稍遠處倒掉，雖然它們被稱之為雜草，但想必大家都有聽過「天生我材必有用」這句俚語吧！所以這些雜草也不代表它們就沒有功用。等到天氣較為寒冷的時候，它們就產生了最大的功能--保暖。

　　Rosa 告訴我們，那些雜草通常在寒冷的時候就會被燃燒，作為取暖之用。德南屬於大陸性氣候，所以一年四季溫度通常都不超過 25 度，早晚溫差也非常的大，亦即不只是冬天，一整年常常都需要使用這些雜草來生火取暖。

我是分裝作業員

105

　　那天，Rosa 在前往馬廄的途中告訴我們：「等下把所有的碎木材和樹枝分裝到麻布袋裡面，今天的工作就結束了。」我心想：「真的假的？今天工作這麼輕鬆呀！」當然我是大錯特錯了。當我們來到馬廄，車子停在鐵皮屋門口時我看到了一卡車的碎木材和樹枝，這跟我在車上所想像的份量也差太多了吧！我沒有辦法想像這些要分裝到什麼時候，兩個小時處理的完嗎？三個小時呢？四個小時呢？還是今天處理的完嗎？不知道，我只能什麼都不想，繼續保持著愉悅的心情（右上圖），當作這是一件有趣的工作，我和侑霖上了卡車，開始將木材倒入麻布袋中，而麻布袋事先早已用堆高機撐起來，所以我們在短時間內可以盡情地把木材全部丟進去麻布袋裡，畢竟它大到可以裝得下兩、三個人，它沒有這麼快就被裝滿。

　　麻布袋一袋一袋的裝，起初我覺得木材沒有減少的跡象，直到一個多小時過後，終於看出量的減少，裝累了，就坐在上面休息，休息完了繼續裝，反正總有結束的那一刻。就這樣，我們和這些碎木材相處了將近 4 個小時，它們也終於通通被我們裝進麻布袋裡，然後被堆高機載到對面存放，等天氣較為寒冷的時候，它們的宿命就會跟雜草們一樣。

小鎮一年一度的慶典活動

　　前一天晚上知道隔天要上山參加 Singen 一年一度的慶典，怕自己太晚起床，所以我直接穿著隨時都可以出門的衣服睡覺。起床後看到外面下著小雨，原本想說今天還是不出門了！因為我不想把身體弄的濕濕的又害自己感冒。十一點多，Coline 就來跟我們說 Rosa 要帶我們直接上山，人家都親自登門來告知了，我哪好意思拒絕呢？我點了點頭，錢包、雨傘拿了就走囉！

　　來到了山腳下卻看到了路障把上山的路檔著，好像是因為活動的關係，這條路今天只開放步行，所以我們還是得撐著雨傘從山下走到山上。這步行的沿途，其實都沒什麼人，加上一直下雨就覺得有點後悔來了這裡。終於我們來到了節慶活動的入口處，竟然還要付門票五歐元，都來了也只能乖乖付錢了。到了會場裡面其實沒有想像中的多人（或許是下雨天的關係吧！）裡面也只有一個主要的舞台和寥寥無幾的攤位而已。

　　開始覺得那五歐元付的有點不甘願，重點是不能抵餐費。我們四個都覺得應該不只只有這些攤位而已，後來東問西問才知到更上面還有一些攤位。我們往上走，一直走到山的最頂，各自挑了一家看順眼的攤位買了午餐在小雨和強風中食用。

　　我真的低估了這裡的天氣。只穿了一件薄長袖和一件薄外套就上山了，坐在這邊風吹雨打，抖動的身體，吃著已經冷掉的食物，讓我真的好想趕快下山。這座山的山頂是個破碎的古堡遺址，雖然我不太清楚這個古堡的名字，但從這邊往下眺望 Singen，加上些許霧氣，使整個小鎮沉浸在一種朦朧美當中。

　　寒冷中吃完午餐之後，我們到古堡裡晃了一圈，走回下方的主要舞台區聽了一個叫做 Sixty6 的樂團表演。聆聽的過程當中，我覺得身體的溫度不斷下降，冷風不斷襲來，我不知道哪來的勇氣，我竟然到旁邊的小攤位買了一瓶橘子芬達（驚），不過 Sixty6 精彩的演出讓我忘記那寒意。他們的表演，加上聽眾們的熱情，這種感覺是多麼的美好呀！

Rosa 的一手好菜

在 Rosa 家，通常 Rosa 在煮飯的時候我們都在工作，所以我沒有辦法記錄下她的煮飯過程，只能記錄下完成品囉！

Rosa 幾乎每天中午都會煮一道主食，接著一道肉及其他食物，餐後也一定會有甜點上桌。不要以為歐洲人只吃麵粉類的東西，例如義大利麵、比薩、通心管麵⋯。其實他們也是有吃米飯的。

有一天中午，Rosa 就煮了飯和通心管麵，另外也用豬肉條煮了兩道料理，一道當肉醬，一道就是一般的豬肉。雖然在這邊的口味都偏鹹，所以我必須每吃完一兩口就小啜一口可樂，但我喜歡 Rosa 做的料理，每一天中午，都讓我吃的很飽很飽，也讓我吃得很開心很開心。尤其是飯後甜點，偶爾有個冰棒、蛋糕、麵包⋯。其實我在台灣也習慣會吃些甜點當作一餐的結束，沒有甜點有時候會覺得還沒有吃飽呢！

delicious~

牛跑了！！

　　那天早上，只有我們兩個台灣小孩出來工作，當我們在綿綿細雨中收圍欄收到一半的時候，Rosa 接到她老公（Peter）打來的電話說牛群又跑出圍欄了，叫我們趕緊過去支援，所以我們把圍欄丟著之後上車回家載另外兩位 WWOOFer 後就趕過去。很明顯地，Rosa 開的很緊急，我都有點頭暈了呢！到了"案發現場"只看到Peter 站在破掉的圍欄口正在鋪設新的電網。Peter 叫兩個拿著麵包的人到前面去引誘牛群回到圍欄裡，而我和 Clémence 就當作人牆，只要牛想逃跑就擋住牠，是說當牛奔跑的時候會讓人有一點畏懼，會怕牠直接衝撞我，不過最後還是順利的都把牛群趕進去囉！趕進去之後，Peter 把缺口補好後，先載兩個女生回家順便拿電瓶，而我被安排顧在圍欄外，牛隻過來就把牠趕回去。過不久 Rosa 找我過去幫忙把要給牛喝的水缸裡的雜質、土壤都撈出來，再換一批新水給牛喝，那水真的非常的混濁，都變咖啡色的了呢！

羊也跑了啦！！

　　隔天下午，同樣的事情又發生了！但這次不是牛，而是羊。一群羊已經從羊圈裡跑到斜對面的麥田裡去了。不過他們比牛群好趕多了，只要跑到他們的後面一直拍手，牠們就會受到驚嚇的通通跑回羊圈裡，輕輕鬆鬆的就完成了這項任務！

新的馬廄完成！而我受傷了

　　前一天 Peter 就告訴我們今天早上要把馬廄的圍欄翻新，所以早上九點就開始工作囉！

　　來到馬廄第一件事當然不是馬上拆掉舊圍欄，而是清理馬廄內的所有馬糞，之後把馬兒都牽到空曠的草坪之後才開始動工囉！

　　早上我們先把圍欄的橫樑用斧頭慢慢敲掉，一剛開始很容易，但到後來也不知道是沒什麼力氣了還是釘子太頑固，我們花了將近兩個小時的時間卻只拆下五條橫梁，一度還無法將橫樑給拆下來，就在我們要放棄的時候，大魔王出現了！！一位平常都在花園裡的老先生，看我們用盡力氣卻沒什麼進展的情況下，拿出一根巨大釘子（高度到我的腰），他將巨大釘子插入木頭的連接處，接著輕輕鬆鬆的扳出一塊縫隙，接著拿大鉗子給我要我把釘子夾斷，哇！竟然在十分鐘內就拆掉五根橫樑！早知道就去尋找這根巨大釘子，我的手也不用因為我敲木頭的時候沒有拿好斧頭結果直接和木頭磨擦破皮了！

111

　　下午回到馬廄的任務就是繼續將新的橫樑給釘上，有一棵樹的周圍事先被圍住，所以必須將它們也都拆掉。我們利用邊敲邊推的方式，將橫樑都敲掉，卻有兩根橫木和一根立在地上的木頭釘在一起拔不起來，我一直推一直推，終於把下面的木頭推下來了，但這時候悲劇發生了！上面的木頭竟然反彈回來直接從我的臉巴下去！那一瞬間我馬上耳鳴，重點是反彈回來的力道讓我撞上另一根木頭，真的超級痛！

疼~釘木頭
不簡單唷！

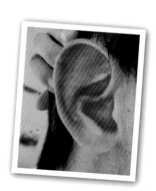

石磚路大改造

　　很快的，時間已經來到了七月二十日，亦及我們農場體驗生活的最後一天，也是在 Rosa 家的最後一天。

　　那天雖然飄著綿綿細雨，但還好還不至於讓我們的衣服都濕了，我們在簡陋的屋簷下做著這項簡單又輕鬆的工作。別看我們穿著短袖好像很熱一樣，事實上我們在工作前是穿著外套的呢！

　　我們被交代把地上所有石磚都砌起來然後整齊地堆在一旁的草皮上，原本以為這些石磚會很頑固地黏在地上不肯起來，但出乎我們意料的是，其實只要輕輕的一挖就起來了。所以整個過程我們也沒有花太多力氣與時間，完全在輕輕鬆鬆的狀態下工作，期間我還提議將這段過程錄起來，回台灣後製時把它加速到五倍。雖然影片現在還沒經過後製，不過每次看都覺得很有趣呢！

　　在工作結束之際，雨似乎也漸漸的大了起來，Rosa 放下手邊的工作，叫我們先上車要把我們送回去，接著下午因為下雨的關係，所以也沒有什麼工作，我獨自一人坐在二樓的庭院裡，喝著全世界都喝得到的可樂，看著遠方的天空……。

看著遠方的我……

第二次的離別

　　照片是在七月二十日午飯過後紀錄的，那天我提議飯後大家可否來張合照，大家毫不思索地答應了，原本想要在照片裡不缺少任何一個人的蹤影，可惜的是 Antonia 和她先生有事情必須提前出門，來不及入鏡。

　　Rosa 一家人都非常可愛，而最令我印象深刻的是 Rosa 的兩個孫子，一個雖然還坐在娃娃椅上，看著他的大眼睛和他白皙的皮膚，想必以後一定是位帥哥。另外一個雖然胖胖的，看起來呆呆的，不過從他可愛的行為當中，我看到許久不見的童真，也看到小孩子有趣的一面，有一天工作時，他自願和我們一起到農場工作，看著他推著和他身高差不多的手推車時，卻又推不太動的時候，真令人會心一笑呢！

　　和他們拍完照之後，我下樓和 Coline 還有 Clémence 一起合照。前面雖然我有提到 Clémence，卻沒有介紹她。Clémence 在我抵達這家農場後的一個禮拜才出現，她和 Coline 一樣都來自法國，也都是大學生。Clémence 的英文雖然不太好，常常我們在聊天時都需要 Coline 在場做翻譯，但這並不影響我們聊天的興致，每次吃午餐的時候大家還是愉悅的談天說地，話匣子一打開就停不下來了，這也讓我見識到法國人的熱情呢！

CHAPTER FIVE

奧德，就這樣

beautiful~

薩爾斯堡 Salzburg

維也納 Wien

慕尼黑 München

法蘭克福 Frankfurt

法蘭克福為一個歷史文化重心。

在最後一段的旅行中，薩爾斯堡舊城區參觀莫札特的故居及聖彼得修道院，音樂之都維也納和史蒂芬大教堂朝聖，全世界最有名的古堡之一：慕尼黑富森小鎮上的新天鵝堡絕對不能錯過！文化重鎮法蘭克福羅馬山廣場及一定要前往的德式大教堂科隆大教堂哥去一探究竟！

The day I lived in Salzburg.

葛特萊第街（Getreidegasse street）的景況。

2011.07.21

The day I lived in Salzburg.

Meininger Salzburg:
A- 5020 Salzburg
Fürbergstrasse 18-20
Phone: + 43 (0)720 883 414
website: http://goo.gl/bj82L

薩爾斯堡 Salzburg

突發事件！！！

　　坐了五個小時的火車，屁股痠到快爆炸。抵達薩爾斯堡後，一下火車就發生了令我有點錯愕的突發事件。一位拖著行李的男子漸漸向我走來，他開口問我可不可以給他我的車票（用過的），而我這時候再猜他的動機與用意，所以我假裝聽不懂而且禮貌性的請他再說一次，就這樣我始終想不出他的動機而他也惱羞成怒了，接著罵了一串我聽不懂的髒話就走了。我往前走沒幾步就看到他去問下一個人同樣的問題（晚上經過火車站，他還在車站內尋找目標，而我猜他應該是要趁著對方拿出車票的時候搶走對方的財務？）

有了它，做夢都會偷笑

　　離開月台後，來到服務台買了 VORTEIL CARD < 26，這張卡的威力真的很強大，直接將所有從奧地利境內出發的車票價格下殺一半，加上這張卡的青年價（小於26歲）只要約二十歐元，即使你只搭一趟或兩趟也很值得買哦！

　　買好之後搭著賓士計程車前往飯店，我給司機看了我用電腦打好的"飯店資訊一覽表"，他點點頭表示知道我的目的地，但後來竟然還是抵達錯誤的飯店，我還想說這家青年旅館怎麼這麼高級？還好我即時會意過來跟他說：It's not this hotel. 司機才又看一次我的"飯店資訊一覽表"，終於他找對飯店了，兩家旅館的距離差不遠，不然在德語和英語的戰爭之中，我可是又多花了不少錢呢！

前往舊城區

　　從米拉貝爾宮這邊沿著河道走，過了橋之後就會到達舊城區，也就是莫札特的故居這邊啦！而我無意的走進一家紀念品店，逛著逛著，突然聽到櫃台有著熟悉的語言，我確定不是中文，所以我又仔細的聽了一下，沒想到竟然是台語！這讓我感到好奇與興奮！我問老闆：你們是台灣人嗎？沒錯，這對一南一北的夫婦已經在這邊開了將近二十年的紀念品店，老闆娘問我台灣最近如何？接著說到兩岸的事情，我說到歐洲來，我遇到的歐洲人對兩岸的關係都很有興趣。

（左圖）後面那一棟就是赫赫有名的莫札特故居。（下圖）這一張則是聖彼得修道院的內部。

最後，老闆娘不僅送我三張明信片，還親自帶我去逛了格特萊第街（Getreidegasse street），也介紹我一家吃到飽的中國餐館，非常的熱心呢！

今天走的行程包括聖彼得修道院、大教堂、格特萊第街、傳統市集。其中，老闆娘告訴我，當初為了保留下原始的格特萊第街，所以整條街的招牌都是手工打造出來的。的確是非常有特色的一條街。

（下圖）各式各樣的手工打造招牌。就連我們最熟悉的麥當勞和最近在台灣很火紅的 ZARA 都有屬於自己的特色招牌哦！

　　上方三張照片皆取景於米拉貝爾宮。（下圖）是薩爾斯河（Salzach River）兩岸的景色，而這條河的兩岸也代表著新城區與舊城區。（右圖）則是薩爾斯河上的音樂餐廳，在晚餐時段有不少人會到此用餐。

The day I lived in Wien.

維也那的地鐵四通八達。

2011.07.22

The day I lived in Wien.

Meininger Vienna:
AT-1100 Vienna
Columbusgasse 16
Phone: +43 (0)720 881 453
website: www.meininger-hotels.com/

六年前，六年後

　　離開了莫札特的故鄉之後，我來到了另一個音樂之都 -- 維也納。想起了六年前，我來過這邊，但卻對這個城市沒有什麼太大的印象，或許是那時候還太小吧！不過就算我還記得當時來這裡的種種，跟這次比起來還是會有迥然不同的感受。怎麼說呢？因為那時候是跟旅行社的團，大部分的景點都是搭乘遊覽車走馬看花而已，但這次不一樣，不只那些觀光勝地我可以悠閒地逛，一些乏人問津的小景點我也可以前往，更可以體驗當地的地鐵文化。

連鷹架都如此藝術！

　　來到維也納，第一站就是史蒂芬大教堂啦！出了地鐵站之後，映入眼簾的就是高大的史蒂芬大教堂。外牆雖然還在整修階段，但有創意的維也納人，把鷹架的外觀鋪上整修完畢後的圖像給遊客們看，只能說他們在這方面也如此有藝術感啊！

　　教堂裡大部分區域不讓觀光客進入，也不允許拍照。另外，我個人覺得教堂裡的鑲嵌玻璃稍微遜色於其他教堂，但整體結構卻依然如此的磅礴壯觀。

巨無霸晚餐

　　如果你像我一樣食量大，對於用餐的預算又不是很高的話，我強烈建議不要在觀光景點附近找餐廳（如史蒂芬大教堂）。

　　我們原本搭乘地鐵到 Volkstheater，我們在附近的街道繞了一圈又一圈，就這樣過了一個多小時，但附近實在沒有一家符合我們胃口和荷包的餐廳。八點半左右，侑霖突然想到之前在網路上查的資料有一家便宜又大碗的餐廳離這裡只有一站地鐵站的距離，我們來到 Rathaus 地鐵站附近順利地找到這一家餐廳。我們隨便找了個位子坐下來看著有特色卻充滿德文的菜單，這時貼心的老闆娘看著我們不是本地人，拿了 Picture Menu 給我們。菜單上有些菜名很有趣，它會在後面加上 L 或是 XL 表示它的分量大小（其中有一樣巧克力蛋糕甜點前面寫著 XXXXL）。我們點了一份 L Size 的豬肋排一起吃而我另外又點了一碗好喝又大碗的湯。這家餐廳的特色就是 "大"，可是卻不會因此而讓食物變得粗糙、隨便，吃完之後會有強烈的飽足感。

L Size

邂逅

　　十一點左右回到旅館，有很多人在附設的酒吧喝酒聊天上網，非常熱鬧。由於房間內的網路是需要付費的，所以我也拿著我的電腦到大廳看一本書（臉書）。原本的計畫是將照片上傳之後就要回房間睡覺，但記憶卡卻卡在侑霖的筆電裡，他說他要拿上去修理先離開了。這時候來了一個我以為是內地的人，他說他的記憶卡滿了，想要把照片全部轉存到外接硬碟哩，所以想要跟我借電腦。我剛開始猶豫了一下，後來想說看著他用應該沒關係，所以就答應他了，於是我在大廳等他拿記憶卡和隨身硬碟下來。

　　後來在聊天的過程當中才知道，原來他們是新加坡人，而他們一剛開始也以為我是內地人。他用了六張記憶卡，拍了將近五千張的照片，我們邊處理邊分享在奧地利拍的照片，剛好那天下雨，我們都覺得照片拍起來不是這麼美麗，有點可惜。

　　隔天他們就要前往波蘭而且要坐八個小時的火車（想到明天自己要搭四個小時的火車前往慕尼黑都有點累了，何況八個小時……），後來他們說兩個月後（2011年 9月）會到台北旅遊五天，我說我一定會去接待他們的！最後要回房間的時候我拿出秘密武器（貴人小吊飾）送他們，他們看到的時候非常興奮的一直說：好精緻吶！

127

More cream, please.

在前往熊布朗宮的途中，剛好看到對面有一家 Starbucks，於是緩緩走進去，點了一杯巧克力星冰樂。由於我非常喜歡吃奶油（喜歡到要我直接吃奶油不配其他東西都可以），所以我在台灣買的時候都會和店員說：「多一點奶油。」，來到這裡也不例外，我一句：「More cream, please.」店員露出愉悅的笑容，收了錢之後就去做那一杯 "特製" 巧克力星冰樂。當我看到那一杯的時候，簡直是又驚又喜啊！！

陰雨裡的熊布朗宮

雖然六年前我也來過這裡，但這次當我們到達最有名的皇宮之一的熊布朗宮（麗泉宮）時，下了點小雨，和當時大晴天好天氣相比，有了完全不同的感受。熊布朗宮經歷了 54 年才完工，外觀是哈布斯堡王朝的女王瑪麗亞·泰瑞莎（Maria Theresa）最愛的暗黃色（因此，又稱泰瑞莎黃）。當時，每年她都會和丈夫及子女到這邊度過美好夏日時光，舉辦許多音樂盛會，據說正值六歲的音樂神童莫札特也曾在此演出過。下圖為熊布朗宮的入口處，兩側高柱上的鷹為哈布斯家族的家徽。

　　上圖則為熊布朗宮俯攝全景。左下圖為熊布朗宮附屬的皇家花園。右下圖是葛洛莉葉閣樓，原本是泰瑞莎女皇為慶祝戰勝普魯士及紀念戰亡者所建的宮殿，但因為欠缺經費而沒有完成。

圖為熊布朗
宮內部各個房間
的簡介與照片。

130

傑克，這真太神奇啦！

在維也納的最後一天，我們回到了 Singerstrabe（史帝芬大教堂附近的街道，也是主要的觀光徒步區）。就當我們要進入地鐵站時，發現了一群人圍成一圈好像在看什麼似的，我好奇地靠近去看，一看到不禁讓我驚呼連連。一個人利用一根桿子撐起他的全身，而且看起來絲毫不費力，非常輕鬆。我也在人群中一同研究許久，後來真的看不出一個所以然來，只能說真的太厲害了啦！！

The day I lived in München.

The day I lived in München..

Jaeger's Munich:
80336 München
Senefelderstraße 3
Phone: +49 (0)89 555 281
website: www.jaegershotel.de/

　　抵達慕尼黑的時候已經有點晚了，到飯店放完行李之後差不多也累了，稍微整理東西就上床睡覺了，因為明天一早要起床，往這趟旅程的高潮點前進。

富森，新天鵝堡

　　一般來說，富森（Füssen）這個小鎮的知名度是因為有全世界最有名的古堡之一 -- 新天鵝堡而來的吧！沒錯，就連我也是因為慕新天鵝堡（Schloss Neuschwanstein）的名而來到富森。富森這個小鎮人口大約只有 1.5 萬，每天都有大批的觀光客湧入，所以飯店林立，餐廳也不少。

　　抵達富森之後，若要前往新天鵝堡則要搭乘接駁公車到它的山腳下，接著排隊等著買票之後，依照票面上的梯次進行參觀。如果排隊會破壞想參觀的慾望，看到前一頁那張大排長龍的照片應該會有所畏懼吧！所以我的建議是，不要太晚出發前往新天鵝堡，可以的話最好早一點到，像這次我們早上十點抵達，排隊也排了快半個小時。這時大家會問要怎麼上山呢？上山的方法有三種：走路、公車、馬車。走路當然是最省錢，也最可以沿途欣賞風景的一種方式。公車一趟 1.5 歐元，屬於最快到山頂的方式。而馬車一趟 5 歐元，兼具欣賞風景和悠閒體驗的方式。那天要不是我的腳有點痛，我就不會搭乘公車上山囉！

　　左上方那張圖裡的黃色建築物為舊天鵝堡，左中圖則為新天鵝堡的全景。

夢幻的德國
新天鵝堡~

百年歷史，Deutsches Museum

134

　　如果你有去過台中自然科學博物館，你可能會覺得它的館藏已經非常的多，展館也已經非常的大了，但來到慕尼黑，當然不能錯過這個堪稱全世界最大的科技博物館，裡面展覽的項目非常多元，包括天文、太空、各式各樣交通工具、農業、礦業、計算機學、還有我們從國中與高中上課常學到的化學、物理學…等等，橫跨五十個領域約28000 件展品，其中最令人興奮的是還展出了來自台灣蘭嶼的獨木舟！一般來說，一張門票為 8.5 歐元，但因為我們有國際學生證，所以只要花 3 歐元就可以買到一張優待票進去參觀囉！那時候因為時間的關係，只安排了三個小時在館內參觀，所以沒有辦法將所有展覽品仔細的看過一遍，而且當時正好有些展區的展品才剛從其他博物館搬回來，連防震氣泡袋都還沒有拆掉，這是比較可惜的地方。

The day I lived in Frankfurt.

2011.07.25

The day I lived in Frankfurt.

Frankfurt-hostel:
60329 Frankfurt
Kaiserstrasse 74
Phone: +49 (0) 69 2475 130
website: frankfurt-hostel.com/en/

其實德國可以說是一個富有多元文化的大國，其中又以法蘭克福為一個歷史的重心。法蘭克福有名的歷史遺跡相當的多，其中又以羅馬廣場最為著名。

回到夢想出入口

為什麼我說法蘭克福是夢想的出入口呢？

因為這裡不僅僅是我來到德國的第一站，

同樣的也是我要離開德國前的最後一站。

它讓我做了完完整整一個半月的夢

它讓我睽違兩年重返我的夢想之都

它是我第一次抵達沒有大人陪伴的城市

它讓我知道德國人其實沒有這麼排華

它讓我體驗了道地的歐洲生活

它讓我對德國的觀感又更加提升了不少

它讓我多認識了不少的德國人

一切都是法蘭克福

讓夢生長的地方

回到夢想出入口的最後四天

我決定好好的探索這個地方

這一棟就是當地的市政廳啦！

Romer plaza, Frankfurt 羅馬山廣場・法蘭克福

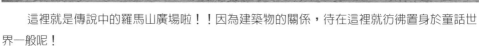

這裡就是傳說中的羅馬山廣場啦！！因為建築物的關係，待在這裡就彷彿置身於童話世界一般呢！

夢幻的
童話國度~

來到法蘭克福當然也就得來最重要的 Meeting Point - Hauptwache 啦！

Hauptwache 也就是法蘭克福的市區，這裡有一大片的人行徒步區，除了咖啡和麵包的香氣以外，在這邊不會聞到惡臭的汽油味。而假日的時候會有不少的當地居民在這裡悠閒地逛著，坐在廣場上喝咖啡，看著人來人往的遊客，還有一排整齊的攤販會在這裡賣東西，像是一些小飾品亦或者幫別人刺青（臨時刺青）的小攤販。我當下覺得新鮮就花了 3 歐元刺了一下！！

走著走著，正當我腳痠準備要找一張椅子坐下來的時候，我看到了這外型奇特的三輪車！！這不是普通的三輪車喔！其實這是在人行徒步區裡一種類似計程車的交通工具啦！它的發動方式並不是靠電力或是汽油，而是最傳統的「人力」來運行囉！（聽說台中市的草悟道未來也會引進這種人力三輪車哦！）

坐下來之後，我閉上眼睛享受著溫暖的陽光，忽然間一陣風吹過，我張開眼睛頭一轉，我看到一棟外觀非常奇特的建築物。

這是當地的一間購物廣場，雖然我不太清楚這個洞的作用何在，但卻是頗具造型與話題的一個洞啊！！！

在德國的最後這四天裡，當然不可能一直待在法蘭克福，所以規劃了整整一天，要去距離法蘭克福一個小時車程左右的 Köln 和 Düsseldorf。

常聽人家說：「沒去 Kölner Dom（科隆大教堂）別說你去過 Köln！」這句話也不是沒有道理啦！為什麼呢？因為一出火車站就可以看到這棟難以利用相機鏡頭拍下全景的巨大的建築物了！

這棟耗時 600 年興建而成的哥德式大教堂，如今修繕工程並無間斷。

雖然到了現在還是時常會看到鷹架在大教堂的外牆搭建了起來，但是每年卻依然吸引了幾百萬人次的遊客前往參觀呢！

走近科隆大教堂，你會看到每一面外牆、每一個雕刻都是如此的細緻與美豔。而走進教堂，在挑高的室內空間裡，不會感覺到任何一絲的壓迫，反而感到格外的安詳，心中的煩惱都暫時的消失了。

　　教堂裡所有的窗戶都是彩色玻璃鑲嵌畫，每一幅鑲嵌畫都是一個聖經故事，這當然也是哥德式建築的特色之一。據說天氣晴朗時，還能讓這些畫光芒萬丈呢！

如果是你，你覺得這會是一家賣什麼的店呢？

144

當初我第一眼看到的時候我還以為是一般的餐廳，但沒想到在我仔細觀察了一下之後才發現原來這是一家家飾店啊！這時我頭上不禁冒出了許多問號：「哪有人會把這麼大隻的獅子放在家裡面阿？！」

或許就像我前面所猜想的吧！這些巨型雕塑品是給各行各業，像餐廳、舞廳等來做為大門口的擺飾品吧!順帶一提，這也讓我開了眼界，在台灣我倒是還沒有看過有這麼大的雕塑品在販賣。

（左圖）萊茵河畔一景

（下圖）KD 船，當地最大的船公司

在 Köln 簡單買了個三明治當午餐之後，就買了票準備前往 Düsseldorf。從 Köln 搭乘火車到Düsseldorf 僅需 25 分鐘左右的時間，然而也可以搭乘 KD 船前往 Düsseldorf 囉！時間雖然長了點但是沿途的景色足以讓你忘記時間的存在，咻一下就到達目的地啦！

出了火車站之後，映入眼簾的依然是一群忙碌的人們，但這個城市給我的感覺是如此地截然不同。不知道為什麼，Düsseldorf 給了我一種非常時尚的觀感，而我的確也是聽說這裡有一條非常有名的時尚精品大道（Königsallee）才來，來看看到底有多少精品是我沒從沒看過的。而最讓我驚訝的是連無印良品都出現在這條大街上…

沉靜心靈的
好所在~

　　在逛完了這麼多家的精品商店之後，不只大飽眼福，就連腳都快要不是自己的了。沒關係，穿越了這些商家過後，會看到像森林般美麗的人工運河，而運河的兩旁也都設置了長椅供遊客休息使用。如果就這樣坐著，不看其他地方，就看著這條人工運河，一時之間還彷彿來到了另一個地方似的，完全不會把這裡和那些精品商店連在一塊而思考（雖然這條運河的確在 Königsallee 上。）

後記：登上 CI62 班機後

　　47 天的旅程猶如這本書一樣，在美好的一切之後暫時告一段落了。當我在法蘭克福機場登機室等待登機飛回來台灣的那一刻，我默默地閉上眼睛努力地將這一趟旅程的所有人事物再一次的在腦海中像幻燈片一樣的看過一次，心中再多的不捨也得回到自己的故鄉，回到台灣。

　　不過我相信不久後，I will come back , Germany.

第一次結交外國朋友

第一次在沒有大人的陪同下到處冒險

第一次下田播種

第一次和羊兒如此近的接觸

第一次餵食羊兒與馬兒

第一次幫馬刷毛

第一次看醫生幫牛兒結紮

第一次製作起士

第一次做麵包

　　有了這麼多第一次，我永遠無法忘記這趟旅程，這趟旅程不僅將我往國際視野更往上推一層，也讓我完整的體驗了農莊裡的生活，更讓我對陌生的國度有了如此親切的感受。

德國旅遊資訊

●通訊

§若需要使用公共電話撥打至德國當地的話，直接撥打區域號碼+電話號碼即可（若非市内電話需在區碼前+0）。

§若要從德國打回台灣，可以撥打 00886+ 電話號碼即可（若附近有電話店，裡面的費率會比手機費率便宜很多喔！）。

●貨幣

§德國及奧地利目前都是使用歐元（€）作為主要的貨幣，其面額依序有€500、200、100、50、20、10、5、1、50分、20分、10分、5分、2分、1分。

§目前匯率大約 1：38.8（2012/04/05）

§若在台灣有事先申請可在海外提款的金融卡，可以至各銀行 ATM 提款機領取當地現金（我推薦郵政 VISA 金融卡及中信 VISA 金融卡）。

●電壓

§德國及奧地利當地電壓皆為 220V，插座為兩支圓柱體。如果有帶充電器或其他電器用品（如:吹風機…等），務必確認變壓器支援的電壓值，也記得攜帶轉接插頭。

●郵政

§ 德國及奧地利的郵局外觀皆為黃色，非常醒目。若要寄明信片只要將地址及內容
寫完之後拿到櫃檯買郵票之後再自行投入郵筒即可（一張明信片的郵資大約為€0.75）。

●天氣

§ 德國南部屬於大陸性氣候，夏天的溫度通常介於 20-25（℃）左右，所以若
是夏天要前往德國的話，建議帶幾件薄長袖和外套，以免著涼（冬天較不建議前往
WWOOFing）。

國家圖書館出版品預行編目資料

WWOOFing, 18歲勇闖德國農場打工去 / 盧盟元 著 --初版--
臺北市：博客思出版事業網：2012.04

ISBN：978-986-6589-64-5（平裝）
1.旅遊 2.副業 3.農場 4.德國
743.9   101007907

WWOOFing, 18歲勇闖德國農場打工去

作　　者：盧盟元

美　　編：鄭荷婷

封面設計：鄭荷婷

執行編輯：張加君

出 版 者：博客思出版事業網

發　　行：博客思出版事業網

地　　址：台北市中正區重慶南路1段121號8樓14

電　　話：(02)2331-1675或(02)2331-1691

傳　　真：(02)2382-6225

E－MAIL：books5w@gmail.com或books5w@yahoo.com.tw

網路書店：http://store.pchome.com.tw/yesbooks/
　　　　　博客來網路書店、華文網路書店、三民書局

總 經 銷：成信文化事業股份有限公司

劃撥戶名：蘭臺出版社 帳號：18995335

香港代理：香港聯合零售有限公司

地　　址：香港新界大蒲汀麗路36號中華商務印刷大樓
　　　　　C&C Building, 36,Ting, Lai, Road, Tai,Po, New,Territories

電　　話：(852)2150-2100　傳　真：(852)2356-0735

出版日期：2012年4月 初版

定　　價：新臺幣320元整（平裝）

ISBN：978-986-6589-64-5

LET'S GO WWOOFING

LET'S GO
WWOOFING